Di SÍ quiero con estilo

ÚLTIMOS PREPARATIVOS
PARA EL DÍA «D»

(-6 meses)

Autoras: Paula Alonso Bahamonde
Concha Molina Martínez

Coordinación editorial: Rosa Iglesias
Edición: Equipo Rojo de Fassi

Corrección: Belén Martín

Ilustración: Rubén Alcocer y Fátima García

Ilustración de cubierta: Ximena Maier

Diseño de cubierta y maquetación: D. G. Gallego y Asociados, S. L.

Avda. Victoria, 70. 28023 Madrid
Teléfono: 915 429 352. Fax: 915 429 590
www.rojodefassi.com

ISBN: 978-84-938725-4-0
Depósito legal: M-43207-2011
Impresión: Anzos

Di SÍ quiero con estilo

ÚLTIMOS PREPARATIVOS
PARA EL DÍA «D»

(-6 meses)

rojo de fassi

Índice

LOS DETALLES DE LA DECORACIÓN

> LOS DETALLES DE LA DECORACIÓN ADEREZAN LA IMAGEN DE UNA BODA Y SON DECISIVOS PARA QUE LA IMPRESIÓN QUE SE LLEVEN LOS INVITADOS SEA REGULAR, BUENA O EXCELENTE. NO HAY QUE DESCUIDAR LAS FLORES QUE ENGALANARÁN EL LUGAR DONDE SE CELEBRA, LAS QUE VESTIRÁN LAS MESAS DE INVITADOS O LAS QUE CONFORMARÁN EL RAMO DE NOVIA. PREVER SI CONTARÉIS CON ALFOMBRA, O SI QUERÉIS QUE PREDOMINE UN DETERMINADO COLOR EN TODOS LOS DETALLES ES ALGO QUE DEBERÉIS PENSAR CON TIEMPO.

SI os entusiasman los detalles y os gusta la decoración, es un privilegio que podáis elegir cómo adornar el lugar donde se celebrará la ceremonia y el sitio donde festejaréis el enlace.

Lo importante es que todo esté en consonancia, que los detalles decorativos tengan que ver con el estilo que identificará vuestra boda y con el sitio donde se celebra el enlace. El decorado de una boda de estilo clásico no tiene nada que ver con el de una boda moderna, y tampoco será igual ornamentar un espacio al aire libre que una zona interior.

Aunque el tema de la decoración es personal, quizás necesitéis la ayuda de un experto para crear diferentes ambientes, sobre todo si optáis por celebrar la boda en vuestra casa o en un lugar al aire libre.

«Los perfumes de las flores son sus sentimientos».

Heinrich Heine

una celebración inolvidable

Para que la decoración sea según vuestro gusto y estilo:

- Confeccionad un guión de flores para decidir cuáles queréis que se sitúen en la entrada, cuáles serán las que conformen el ramo de novia, de qué tipo las vais a colocar en el lugar de la ceremonia, y cuáles elegiréis para decorar los asientos de los invitados. Realizad una lista de las «flores prohibidas», aquellas que os causan alergia, no son apropiadas o no reflejan vuestro estilo.

> Si la ceremonia es al aire libre, aprovechad el espacio para crear un ambiente agradable y confortable. Un arco decorado con flores es siempre una opción fabulosa para delimitar el área del oficiante y los contrayentes.

> No os olvidéis de la alfombra, o paso de boda, si queréis añadir más solemnidad al acto. Esta puede ser, no solo roja, sino del color que queráis. Lo ideal es combinar los colores de la alfombra con los que adornan los bancos o sillas, y con los de las flores predominantes.

> Tened en cuenta el color del mantel de la mesa del oficiante en las ceremonias civiles. Puede ser del color protagonista pero siempre con un mantelillo de guipur blanco encima que cuelgue en pico y sobresalga.

> Pensad en los colores. Si habéis elegido un color para engalanar vuestra boda, intentad que sea el mismo en todos los elementos decorativos. Por ejemplo, si tu vestido es blanco con un fajín lila, podéis recurrir a lilas, fresias y otras flores de color violeta como pensamientos o tulipanes.

decoración nupcial al detalle

Además de decorar el espacio donde se celebrará el banquete, tendréis que dedicar una atención especial a la zona del cóctel de bienvenida, pues es el espacio que transmitirá la primera impresión. Es importante que sea una zona bien iluminada y espaciosa, con algunas sillas para las personas de más edad y mesas tipo velador para apoyar la copa y tener las manos libres si fuera necesario.

La entrada al lugar donde se servirá la comida o cena debe tener una decoración muy cuidada. Normalmente pasan primero los invitados y, una vez dentro, llegáis los novios y brindáis con todos los congregados, a los que apenas habéis visto pues durante el cóctel estáis en la sesión de fotos. Las flores deben ser vistosas en la estancia y discretas en las mesas. Hay una serie de ideas que resultan originales y muy útiles:

* Es conveniente que los centros de mesa sean altos para que el olor de las flores no distraiga a los comensales y para que el pie, que debe ser liviano y con pocos ornamentos, no interfiera en la vista de los invitados, quienes de este modo podrán charlar con comodidad. Si la boda es de noche, se pueden añadir velas en cada centro para encenderlas justo antes de servir las copas.

Las indicaciones del lugar que ocupa cada invitado se pueden situar sobre una mesa en un rincón de la entrada al banquete, o bien en el espacio reservado al cóctel de bienvenida. Podéis optar por ideas originales: globos con los indicadores de mesa atados, una maceta grande con ramitas de donde salen los carteles con los nombres de los invitados y la posición que ocupan, botellas que representan las mesas de cuyo cuello sale la cartulina con los invitados... Las opciones son ilimitadas y resultan más originales que el típico tablón.

En cuanto a las mesas, los marcadores de las mismas pueden ser velas, botellas con el número pintado en el cristal o copas que contienen tapones de corcho pintados con el número de cada mesa. Otras opciones más usuales son situar marcos de fotos, jarrones grandes de cristal con una cartulina en su interior que lleva impreso el número de la mesa, centros de frutas o piñas, etcétera.

Si el banquete tiene lugar en una carpa, no olvidéis la decoración del techo. Si hay lámparas, queda muy bonito que cuelguen para colocar guirnaldas o farolillos, incluso de papel. Una opción que aporta un toque chic y hace el espacio muy acogedor es colocar unos soportes de hierro con velones y flores colgantes en cada una de las esquinas de la carpa.

si la boda es en casa

Si disponéis de una finca particular o de una casa con jardín, la celebración será muy personal. La libertad para preparar la boda tal y como queréis es absoluta. Puede que al principio os agobien las dudas y que la organización os resulte muy complicada. Pero si tenéis la oportunidad de que vuestra boda sea en un sitio íntimo, no dudéis ni un instante y aprovechad el privilegio porque, sin duda, es una opción fantástica.

Tareas que tendréis que tener en cuenta:

- Prever un espacio suficiente para los vehículos de los invitados.
- Organizar diferentes zonas: una para la ceremonia, otra para el cóctel, una tercera para el banquete y otra diferente para la barra libre que, en caso de necesidad, puede ser la misma que se destinó al cóctel. Es importante que la gente disfrute de la celebración y que esté cómoda y no tenga que esperar al desmontaje y nuevo montaje de una misma zona.
- En caso de lluvia, calcular si hay espacio real para albergar una carpa o si se puede ofrecer el banquete en un salón interior o en un porche cubierto.
- Disponer de una zona donde colocar sanitarios o lavabos portátiles ya que los baños de la casa no suelen ser suficientes para dar servicio a los invitados.
- Acondicionar en la cocina una zona de *office* para colocar en ella los platos a punto de servir.
- Comprobar que la vivienda o finca soporta la suficiente potencia eléctrica para la música, la iluminación, el aire acondicionado y los electrodomésticos. Tendréis que reservar áreas en los jardines para colocar generadores eléctricos.
- Montar una buena iluminación sobre todo si la recepción es al aire libre. Es importante que las luces no deslumbren, sean suficientes y no atraigan a mosquitos u otros insectos. Los faroles de colores pueden quedar muy bonitos.
- Indicar el camino hacia la barra libre con antorchas de pie clavadas en el césped. Para evitar que puedan arder, tendrán que apagarse cuando todos los invitados ya estén en el espacio reservado para la barra libre.

bodas de interior

Las bodas que se realizan en un salón o en el interior de una casa tienen la ventaja de contar con más comodidad: superficies llanas y lisas frente a la irregularidad del césped o de la moqueta de una carpa; iluminación *ad-hoc,* útil y nada molesta; una estructura invulnerable a las inclemencias del tiempo; el abrigo de un techo y de paredes resistentes; la posibilidad de utilizar aire acondicionado o calefacción según la climatología del momento; y no tener que acondicionar la cocina, pues esta suele estar situada al lado del salón de forma que los platos salen calientes y con un aspecto impecable.

En cuanto a la decoración, podéis jugar con los elementos incluidos en el salón, como cortinas, lámparas, sillas, etc. y, además, aportar vuestro estilo añadiendo unos candelabros si queréis un ambiente clásico o más *vintage*, o unos centros de ikebana si optáis por una decoración minimalista. Las opciones son infinitas, dependerán de vuestros gustos: centros con frutas, velas flotantes, peceras y algas, etc.

Para la decoración es aconsejable tener en cuenta el momento en que se celebra la boda. Si es de día, el salón destinado a la comida admite mayor colorido y más accesorios, así como vajillas y cristalerías alegres, con motivos florales y de color. En caso de que la boda sea de noche, lo ideal es que el salón se decore con dos colores máximo, que las mesas estén vestidas con una mantelería de hilo totalmente lisa, sin estampados, y que los demás elementos que componen la mesa sean sobrios en cuanto al color y los motivos decorativos.

Lo más distinguido y elegante es que los cubiertos sean de plata y la vajilla de loza o porcelana. En cuanto a las sillas, lo propio es que estén tapizadas a juego con el resto de la decoración; si se utilizan fundas, lo idóneo es que sean de seda o terciopelo, no de algodón.

Las flores que decoran las mesas, tanto en bodas de día como de noche, deben ir en consonancia con el colorido de la boda. Si no habéis utilizado demasiados colores para decorar el salón, podéis recurrir a flores de diferentes tonalidades para las mesas. Si el salón está decorado en colores neutros, podéis decantaros por tonos más llamativos y, al contrario, si habéis optado por colores fuertes para decorar la sala, lo ideal es engalanar las mesas con flores en tonos pastel o en colores que contrasten.

bodas al aire libre

La naturaleza es un entorno idílico para celebrar una boda. Si optáis por realizar la ceremonia y el banquete en el mismo espacio, preparad varias áreas e identificadlas con diferentes decoraciones. Es importante que tengáis en cuenta la época del año para preparar el terreno; puede ser un sitio donde nazcan malas hierbas, o donde la temperatura o el nivel de humedad dificulten que el césped se vea en todo su esplendor. Podréis aprovechar todos los elementos naturales para decorar el espacio, desde los árboles hasta las flores que brotan alrededor.

Es importante que tengáis en cuenta los siguientes factores:

- Si vais a situar un arco para la ceremonia, utilizad ramos enteros; no coloquéis en una esponjilla las flores una por una porque en cuanto se evapore el agua, estas se caerán ajadas.
- Pensad qué recorrido harán los invitados, por dónde entrarán y qué es lo primero que verán.
- Respetad la naturaleza. Tapar jardines con tul o telas para crear una atmósfera concreta o poner elementos decorativos muy pesados en los árboles, resulta incongruente y gratuito. Lo mejor es colocar unas bombillas en los árboles, pero no colgar farolillos ni lámparas propias de salones interiores.
- En vez de utilizar alfombras de fieltro, recurrid a las elaboradas con flores. Son más vistosas y románticas.
- Las mantelerías, vajillas y fundas de las sillas pueden ser estampadas y de colores refrescantes. Lo ideal es que estén decoradas según el tipo de boda: con motivos marineros si el enlace es en la playa; florales si se celebra en un jardín; o con tonos pastel, para no recargar el ambiente, si se realiza en un entorno histórico o en un claustro.
- Los lazos o moñas sirven para decorar las sillas, que serán ideales si son de madera o de ratán. Si empleáis bancos es mejor que no lleven ningún adorno, dejadlos diáfanos.
- Las carpas o lonas pueden decorarse en su entrada y también en su interior para diferenciar las diversas zonas: banquete, barra libre, etc.
- Si hay espacio suficiente, podéis preparar un rincón en el jardín con cómodos sofás, butacones, alfombras de fibra, música *chill out* y una iluminación tenue, preferiblemente con velas, farolillos o candelabros. Si vais a contar con esta zona íntima y relajada en un rincón de vuestra celebración, no os olvidéis de algunas mantas ligeras para resguardaros del frío.

ideas originales

A continuación encontraréis algunas propuestas para organizar celebraciones creativas y diferentes. Tened en cuenta que la decoración es un tema muy personal y que cuanto más temática sea la boda más hincapié tendréis que poner en embellecer el evento.
Dejad que fluya vuestra imaginación para sorprender a vuestros familiares y amigos según el estilo con el que os identifiquéis.

En el campo. Sería ideal que decoraseis la finca como si de una fiesta campera se tratara: con farolillos de papel en los árboles, cisnes en el lago, piedras luminosas que indican el camino y una zona para hacer una barbacoa. Para decorar las mesas, los centros que sean de frutas o de plantas suculentas. Ambas opciones aportarán mucha frescura al evento.

En la playa. En este caso, los detalles de la decoración son más simples. Tendréis que elegir un color muy vivo para destacar entre el color neutro de la arena. El rosa, el amarillo, el verde o el color cereza son infalibles para un entorno de mar y arena. Podéis decorar las mesas con tonos pastel o muy luminosos si el banquete tiene lugar por la noche. Unas antorchas clavadas en la arena pueden indicar el camino hacia la barra libre y darán un aire sofisticado a la velada. Recordad, sobre todo, que una boda en la playa tiene que ser cómoda y divertida, así que escoged playas en las que apenas sople el viento y con vista al oeste para que la puesta de sol no sea molesta a la vista.

Vintage. Una boda con toques *vintage* no tiene por qué ser aburrida ni sobria. Entre otras cosas podéis: decorar las mesas con *pastelitos* de colores, estratégicamente colocados en bandejas altas; emplear una decoración barroca, cargada de objetos nostálgicos que hagan alusión a vuestra infancia; reciclar algún mantel de la abuela o un juego de loza antiguo; rescatar objetos que han pasado de moda. Todo esto os servirá para recrear épocas pasadas y volver a vivirlas el día de vuestra boda. Los toques de atrezo, además de sofisticados y elegantes, han de ser divertidos, ya que la sobriedad del *vintage* no debe dar la sensación de aburrimiento.

decoración floral

Es preciso guardar un equilibrio adecuado en la decoración floral de cada parte del evento.

los centros de mesa

Hay diversos estilos a la hora de conformar los centros de mesa:

- **Candelabros.** Las flores de los centros de mesa están más arriba de la altura de los ojos y terminan con unos candelabros todavía más altos que aportan el toque de elegancia. Es una opción muy adecuada para bodas de interior y nocturnas.

- **Peceras.** Se rellenan de flores, frutas, musgo, helechos, hojas dobladas, ramas de canela, etc. Conforman un estupendo centro de mesa bajo.

- **Ikebana.** Este estilo japonés se caracteriza por elegir los elementos de forma meticulosa y por colocarlos artísticamente con un marcado sentido del espacio, la proporción y la escala métrica.

> **Ajardinado.** Con mucho follaje y unas rosas rojas se representa un pequeño jardín que crece justo en medio de la mesa. Se pueden utilizar cestitas llenas de musgo.

> **Naturaleza muerta.** Arreglos que, además de flores, contienen frutas y vegetales como alcachofas, espárragos, manzanas, grosellas, limones, uvas, nueces, etc.

> **Estilo *pavé*.** Esta composición asemeja una alfombra. Se cortan únicamente las cabezas de las flores dejando muy poco tallo y se colocan todas juntas. Esta decoración queda fenomenal en mesas de bufé.

> **Arreglo combinado.** Por ejemplo, un marco metálico recubierto de musgo, cintas de raso, flores que se entrelazan; una tetera que sirva de florero, etc.

el ramo de novia

El ramo de novia es una costumbre llena de simbolismo que tiene su origen en las novias sarracenas y que fue importada en Europa cuando los soldados regresaron de las Cruzadas. Antiguamente el ramo de la novia estaba compuesto de azahares o caléndulas, flores que simbolizan la pureza y la inocencia.

Algunas costumbres relacionadas con el ramo de novia son colocarlo en el altar de la Virgen, depositarlo en la tumba de un familiar o ser querido o lanzarlo a las solteras.

El ramo es un elemento muy visible que ha de estar en total consonancia con el vestido y con el resto de complementos. A la hora de crear un ramo de novia se deben tener en cuenta determinados aspectos: la altura y fisonomía de la novia, su tonalidad de piel, el color de su cabello y de sus ojos, el diseño y el tejido del vestido y la época del año. Todo sin olvidar los gustos personales de la novia.

Desde el punto de vista estilístico, aquí tienes unos consejos para que tanto la forma como el tamaño del ramo armonicen con tu figura:

- **Forma:** a los cuerpos curvilíneos les quedan mejor los ramos rectos y a los angulosos les favorecen los que tienen formas irregulares y curvas.
- **Tamaño:** los ramos grandes son más adecuados para personas altas, y los de tamaño medio o pequeño favorecen a mujeres de cualquier altura.

Técnicas habituales de elaboración del ramo de novia:

- **El alambrado:** es el sistema más artesanal y laborioso y, por tanto, más costoso. Se utiliza para elaborar ramos con formas muy especiales: en esfera, media luna, de antebrazo, etc.
- **El *bride*:** es una técnica cuya elaboración trata de mantener la flor en buen estado el máximo tiempo posible. Se suele utilizar en lugares cálidos y consiste en situar dentro de un plástico una esponja mojada donde se pinchan las flores.
- **Con tallos:** es el sistema más económico y sencillo. Se usan flores con tallos largos si se quiere lucir el ramo a lo largo del brazo o flores con tallos recortados y atados con rafia o lazo si se desea un ramo tipo *bouquet*.

Algunos tipos de ramo:

> Media luna

> Redondo

> Cascada

> Bouquet

> Antebrazo

[cómo lucirte con el ramo]

Tendrás que coger el ramo de manera que no se caiga pero sin apretarlo demasiado para evitar que la postura quede forzada. Deberás llevarlo de la forma más natural posible con la mano contraria a la que utilizas para agarrarte al brazo del padrino. Después lo dejarás sobre el altar o la mesa del oficiante, o bien a sus pies, y lo recogerás de nuevo justo antes de las firmas para colocarlo bien visible ante los objetivos de cámaras y vídeos. Cuando termine la ceremonia, deberás llevarlo con la misma naturalidad, sin que dé la sensación de que te estorba; no lo sujetes de forma rígida frente al vestido, pero tampoco lo dejes caer como si tratara de una sombrilla.

[¿qué flores elegir?]

Según cuál sea la fecha de la boda, podéis elegir las flores que sean estrictamente de esa estación o bien optar por aquellas de fuera de temporada. Esto último encarece la decoración y no siempre garantiza una calidad óptima pues, durante el viaje, las flores importadas pueden dañarse si pasan algún tiempo fuera de sus cámaras.

[ramos originales]

Si eres un *as* de las manualidades puedes hacerte tú misma el ramo de novia. Solo hace falta imaginación y mucha destreza para conseguir un ramo original y divertido.

el lenguaje de las flores

Por medio de las flores y sus colores se pueden expresar sentimientos. Por ejemplo, la rosa es una flor común, muy utilizada en Europa, que simboliza el amor y cuyo significado puede variar según sus características. Las rosas amarillas transmiten debilidad por amor, celos, inseguridad, por lo que no resultan muy adecuadas para crear un ramo de novia; con las rosas rojas no hay temor a equivocarse ya que expresan belleza; la rosa blanca simboliza la dignidad; la blanca y rosa, mezcla de sentimientos; etc.

qué expresan los colores

- **Rojo.** Significa pasión, emoción, acción, agresividad o peligro.
- **Azul.** Expresa confianza, armonía, afecto, amistad, fidelidad y amor.
- **Verde.** Es el color de la naturaleza, de la esperanza. Significa deseo, juventud y equilibrio.

- **Amarillo.** Es el color de la luz. Transmite envidia, celos, odio, adolescencia, risa o placer.
- **Naranja.** Es señal de precaución. Expresa fiesta, regocijo, placer.

- **Rosa.** Ingenuidad, bondad, ternura, ausencia de todo mal.
- **Violeta.** Expresa calma, autocontrol, dignidad, aristocracia pero también violencia y engaño.
- **Blanco.** Expresa inocencia, paz, infancia, divinidad, estabilidad, calma y armonía.

- **Negro.** Es el color de la separación y de la tristeza. Determina todo lo oculto o misterioso, como la muerte, el asesinato o la noche.
- **Gris.** Puede expresar desconsuelo, aburrimiento, desánimo, seriedad y pesar.

Recuerda:

1. Confecciona un guión de flores para diferenciar las que situaréis en la iglesia, las de tu ramo de novia, las de la entrada al lugar de la celebración, las que van en el salón, en los centros de las mesas, etc.
2. Si disponéis de una finca particular o tenéis espacio en el jardín de casa para organizar vuestra boda, aprovechad la ocasión: el resultado merecerá la pena.
3. Si habéis optado por una decoración con colores neutros, podéis utilizar flores de tonalidades más llamativas para los centros de mesa. Si, por el contrario, la decoración se basa en tonos fuertes, lo ideal es utilizar flores en tonos pastel y suaves.
4. Disponed una zona de *chill out* para la barra libre. Es una propuesta original con la que sorprenderéis a vuestros invitados.
5. Si queréis que vuestra boda tenga un estilo *vintage* es el momento de aprovechar la mantelería de la abuela, un juego de loza antiguo, etc.
6. Os ahorraréis dinero si elegís flores de temporada para vuestro ramo de novia y para la decoración en general.
7. El ramo de novia se debe portar de forma natural: no lo cojas de forma rígida ni lo dejes caído como si fuera una sombrilla.

notas y anécdotas para no olvidar:

LAS INVITACIONES

> Una vez fijado el día del enlace y definidos los detalles de la boda, tendréis que elaborar una lista de invitados para saber a cuántas personas debéis comunicar la decisión de casaros y, a la vez, decidir cómo las distribuiréis en las mesas del banquete. Es el momento de pensar en cómo queréis que sean las invitaciones: tradicionales, modernas, personalizadas, hechas por vosotros mismos, etc. La elección del formato y del diseño dependerá de la formalidad de la boda, de vuestros gustos y de vuestra personalidad.

LA invitación con la que comuniquéis vuestro enlace y hagáis partícipes a familiares, amigos y conocidos dirá mucho del tipo de boda que estáis preparando. El formato, la tipografía, el color elegido y la originalidad o sencillez del diseño del tarjetón expresarán si una boda es más formal o menos tradicional.

Lo correcto es que entreguéis la invitación en mano, aunque podéis enviarla por correo a personas que vivan lejos o con las que el trato no sea tan cercano. Es fundamental que en el texto de la invitación solicitéis la confirmación de asistencia. De este modo, podréis ir distribuyendo a los invitados en las mesas del lugar donde festejaréis el enlace.

«La vida es una fiesta y cada día es una invitación».

Anónimo

Normalmente, a la hora de confeccionar la lista de invitados, los futuros contrayentes tienen en cuenta la opinión de sus padres. En algunos casos se llegan a elaborar tres listas: una realizada por los padres de la novia, otra por los padres del novio y una tercera por los propios contrayentes. Por último, se repasan los listados y se completa la lista definitiva.

Conviene que reviséis a menudo la lista y que la ordenéis por grupos de edad, por el tipo de relación o por el grado de compromiso con el fin de distribuir de forma conveniente a los invitados en las mesas del banquete. A la hora de planificar la distribución de los invitados durante el convite, tendréis que poner especial atención a casos especiales como, por ejemplo, las parejas divorciadas (máxime si la ruptura es reciente).

Aunque las invitaciones suelen tener un formato determinado por el uso y la tradición, cada vez más prima la originalidad e imaginación según el gusto y la personalidad de los novios.

invitación clásica

- Las invitaciones más clásicas incluyen: el nombre de los padres en el encabezamiento, la comunicación formal del enlace, el nombre de los novios, el lugar y la hora de la ceremonia y del banquete, las direcciones de ambas familias y la petición de confirmación junto a los números de teléfono disponibles.
- Si uno de los padres es viudo se especificará solo su nombre y en el caso de que alguna de las madres sea viuda se hará referencia a su marido poniendo después de su nombre «viuda de» y el nombre y apellido de su difunto esposo. Si uno de los contrayentes es huérfano, su padrino o madrina ocupará el puesto que queda vacío.

Debajo del encabezamiento se sitúa un texto centrado con la comunicación del enlace: «Tienen el honor de participarle el enlace de sus hijos (nombre de los novios) e invitarle a la ceremonia que se celebrará (día y hora) en (iglesia, juzgado, finca o recinto elegido) y a la recepción posterior que tendrá lugar en (nombre del establecimiento)».

En una línea inferior al texto de la comunicación se solicita confirmación y, finalmente, en el extremo inferior izquierdo se sitúa la dirección del domicilio de la novia y en el inferior derecho la del novio, así como los teléfonos habilitados para que los invitados puedan asegurar su asistencia.

invitación moderna

En este tipo de invitación, se omite el nombre de los padres y son los novios quienes directamente comunican que se van a casar. Es un formato de invitación muy indicado para segundas nupcias o en el caso de que los novios ya tengan hijos. Un ejemplo podría ser el siguiente:

Os comunicamos que en un alarde de valor y facultades...

¡Nos casamos!

Tan especial acontecimiento tendrá lugar a las siete de la tarde del sábado 30 de Julio en la Parroquia Santa María de Jerez de los Caballeros.

Repondremos fuerzas posteriormente en el Restaurante Casa de la Huerta del Rubio (C/ Vasco Núñez de Balboa, 26).

¡Os esperamos!
Javier y Pilar

Se ruega confirmación en el teléfono
91564345

[hechas a mano]

Si queréis ahorrar algo de dinero y personalizar al máximo las invitaciones, probad a hacerlas vosotros mismos. Solo tendréis que elegir el formato, comprar los tipos de papel que utilizaréis y el lazo, la tira de rafia o cualquier otro material con el que queráis adornarlas. Seguro que encontráis a alguien que os quiera echar una mano. Es divertido, económico y muy, muy artesanal.

a tener en cuenta

- Si el lugar de la celebración es de difícil acceso deberéis incluir un plano para facilitar el desplazamiento a los invitados.
- Los sobres se escribirán a mano, con tinta negra o de un color más atrevido, y se excluirán todas las abreviaturas en los nombres y apellidos.
- Si van a ir acompañados de sus parejas, lo correcto es enviar una invitación por separado a los hijos mayores de edad de los matrimonios o parejas invitadas.
- En el caso de que la persona invitada reciba un tratamiento especial por su cargo o título, este debe anteponerse al nombre. Por ejemplo: «Excmo. Sr. D. Antonio Crespo Martín».
- Las invitaciones deben enviarse, al menos, con dos meses de antelación para que los asistentes tengan tiempo para planificar su agenda y hacer los preparativos oportunos.
- Es más adecuado entregar en mano la invitación a fin de facilitar un encuentro personal, puesto que se trata de un acontecimiento familiar y social. No obstante, podéis enviarlas por correo y confirmar por teléfono su recepción.
- Por costumbre, se envía una sola invitación en la que se incluye información sobre la ceremonia y la posterior celebración.

Recuerda:

1. Podéis contar con tres listas iniciales: una confeccionada por los padres de la novia, otra por los padres del novio, y una tercera que creéis vosotros mismos. De esta forma ultimaréis la lista perfecta.
2. Si el lugar de celebración es de difícil acceso incluid un plano que facilite el desplazamiento de vuestros invitados.
3. No adjuntéis el número de cuenta o el nombre del establecimiento de vuestra lista de boda en la misma invitación. Es mejor que una persona cercana a vosotros, unos días después de haber enviado las invitaciones, se encargue de comunicar a los invitados el deseo de que os regalen dinero o bien de proporcionarles los detalles de la lista de boda.
4. Los sobres deben ser manuscritos con tinta negra o de un color más atrevido, dependiendo del estilo de la invitación.
5. Las invitaciones deben enviarse con dos meses de antelación excepto en el supuesto de invitados que vivan en otros países, en cuyo caso conviene enviarlas, al menos, tres meses antes de la boda.
6. Tened en cuenta que las invitaciones son, para vuestros invitados, la primera toma de contacto con el evento. No escatiméis en este detalle y pensad en unas invitaciones de acuerdo con la temática de vuestra boda.
7. Cuidad no solo la invitación, que ha de ser de un buen papel y una bonita tipografía, sino también los sobres. Haced mucho hincapié para que la imprenta os entregue las invitaciones sin ensobrar. Así evitaréis que los sobres se vicien antes de tiempo.

notas y anécdotas para no olvidar:

PLAN DE BELLEZA INTEGRAL

> Para estar radiante el día de tu boda es preciso que unos meses antes dediques tiempo a cuidar tu piel y tu cabello. Es importante que limpies e hidrates tu piel en profundidad y que, en caso de necesitarlos, recurras con antelación a tratamientos específicos para disimular manchas, definir tu figura, etc. Asimismo, deberás tener a punto tu melena para elegir y probarte el recogido o peinado que vayas a lucir, así como hacer un ensayo general de cómo irás maquillada.

EL buen estado de tu piel será el punto de partida idóneo para que el día de tu boda te veas, y te vean, realmente bonita. Es importante cuidarla a diario para que luzca espléndida e irradie toda tu belleza. Con el cabello ocurre lo mismo. Si está muy dañado será conveniente que lo sanees y que lo dejes crecer lo suficiente para poder peinártelo a tu gusto.

Las pruebas previas de peinado y maquillaje son claves para atinar con la mejor opción y no llevarte ninguna sorpresa el día «D». Es fundamental que seas fiel a tu estilo habitual y no apuestes por acabados con los que no te identifiques ni te sientas cómoda.

uno **ESTÉTICA**

✓ tratamiento de higiene

higiene superficial de la piel

«La esposa de un hombre es su compromiso con la ilusión de su primer amor».

George Jean Nathan

Podrás hacerte esta limpieza a diario y en tu casa, desde hoy hasta el día de la boda. Si consigues convertirla en una rutina, eliminarás cada día la suciedad depositada sobre la piel —restos de cosméticos, suciedad del medioambiente, sustancias derivadas del sudor, sebo y células muertas queratinizadas— y lograrás mantenerla en un buen estado de salud. Conviene que la realices por la mañana y por la noche. Poco a poco, prepararás tu piel para que esté reluciente el día de tu boda.

1. Realiza la higiene facial a diario según el siguiente ritual: primero desmaquíllate los ojos, después los labios y, por último, rostro, cuello y escote.

2. Fíjate en el tipo de cosmético que utilizas para que su pH sea ácido o neutro (pH menor o igual a 7, respectivamente), no posea principios activos sensibilizantes, irritantes o alérgenos, no sea excesivamente desengrasante y su composición corresponda con tu tipo de piel.

Cosméticos de higiene según el tipo de piel:

> **PIEL SECA:** te irán bien las emulsiones limpiadoras, los tónicos emolientes (derivados de lanolina, manteca de karité, jojoba o aguacate), los desmaquilladores oleosos y los exfoliantes en crema. Opta por sustancias hidratantes y calmantes (caléndula, tilo, aloe vera o malva) y evita los jabones y las lociones que contengan alcohol.

> **PIEL SENSIBLE:** apuesta por emulsiones limpiadoras emolientes (aceite de borraja, germen de trigo o extracto de avena), tónicos calmantes (bisabolol, extracto de manzanilla o tilo), desmaquilladores oleosos y exfoliantes en crema. No son aconsejables para este tipo de piel los exfoliantes y productos con sustancias químicas.

> **PIEL GRASA:** acertarás con emulsiones limpiadoras de bajo contenido graso, productos de limpieza suaves, desmaquilladores de ojos oleosos, tónicos astringentes suaves (extracto de hamamelis, uva roja, ortiga blanca o castaño de indias) y exfoliantes en gel o líquidos. Debes evitar sustancias limpiadoras extrafuertes que puedan irritar tu piel.

> **PIEL MADURA:** atinarás con emulsiones limpiadoras, tónicos estimulantes (equinacea, eleuterococo o ácido hialurónico), desmaquilladores oleosos y exfoliantes en crema o en solución. Debes buscar sustancias emolientes como la manteca de karité, la jojoba o el aguacate y puedes usar exfoliantes químicos y alfahidroxiácidos con 30-40% de concentración.

higiene profunda de la piel

Tendrás que realizártela en una cabina de belleza y ponerte en manos de un profesional, que aplicará los productos de forma específica y personalizada según el tipo de piel. El tratamiento no siempre se consigue completar en un solo día, dependerá de tu tipo de piel y de tus necesidades. Así que es importante que consultes con un salón de estética con tiempo suficiente con el fin de saber si tu piel necesitará varias sesiones para beneficiarse de los efectos de este tratamiento. La higiene profunda de la piel es previa a la hidratación o a cualquier otro tratamiento, favorece la penetración de los cosméticos y activa el riego sanguíneo y la renovación celular.

[guante de crin]

Una sencilla técnica de higiene corporal es usar un guante de crin humedecido en agua o loción tonificante. Esta técnica te ayudará a eliminar los desechos celulares y los restos de cualquier sustancia que se encuentre adherida a la piel antes de hidratarla. Ten especial cuidado cuando frotes la zona del cuello, escote y senos.

tratamiento de hidratación

El tratamiento de hidratación ayuda, junto con el de higiene, a mantener las condiciones fisiológicas de la piel, protegiéndola del medio externo y previniendo la deshidratación y el envejecimiento. La piel es un órgano muy sensible a la acción de factores internos y externos como el medio ambiente, la contaminación, el sol, etc. Debes saber que una pérdida excesiva de agua puede producir su deshidratación y que solo una piel hidratada te ayudará a lucir espléndida y, además, te facilitará un maquillaje perfecto y duradero el día de la boda. Este tipo de tratamiento también podrás hacértelo a diario y en tu propia casa.

hidratación superficial de la piel

1. Hidrata tu piel a diario según el siguiente ritual: tras la higiene facial aplícate un producto con principios activos hidratantes (hidrolizados de colágeno y elastina, extractos de aloe, caléndula o malva, etc.) que prevengan la deshidratación y ayuden al mantenimiento de la eudermia de tu piel. Aplícate el producto con un suave masaje para mejorar la microcirculación de tu piel.

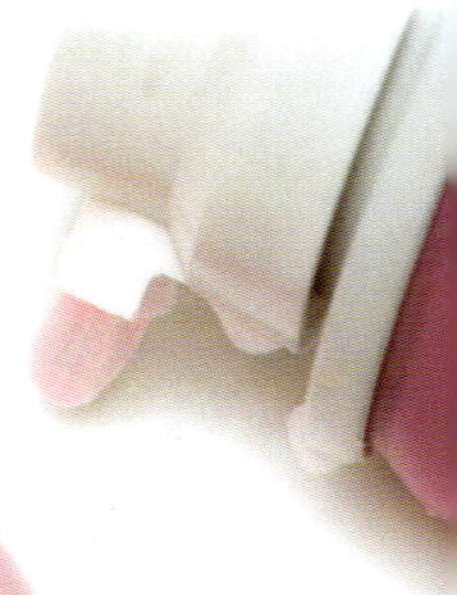

2. Los cosméticos que puedes utilizar son:

- **Cremas o emulsiones con principios activos hidratantes.** Los lípidos (ceramidas, ácidos linoleico y esteárico, lanolina, parafina, etc.), los humectantes (glicerina, poletilenglicol, urea, hidrolizados de colágeno, etc.), baños coloidales de avena y filtros solares para evitar el daño celular y las manchas cutáneas.

- **Parafinas.** Con efecto hidratante, emoliente, suavizante y que faciliten la eliminación de toxinas. Debes prescindir de ellas si tu piel es sensible, grasa deshidratada o está desvitalizada.

- **Mascarillas.** Las más adecuadas para pieles secas deben incorporar aceites vegetales como el de almendra o jojoba, para pieles grasas deben llevar sustancias absorbentes de la grasa como el óxido de titanio o el caolín, para pieles sensibles deben incorporar productos calmantes y descongestivos como el azuleno o la camomila y para pieles maduras, principios activos biológicos como el colágeno, la elastina o las citoquinas.

hidratación profunda de la piel

Es preciso que acudas a un profesional para recibir esta clase de tratamiento. Dependiendo de tu tipo de piel y del estado de hidratación que tenga, el esteticista te aconsejará el número adecuado de sesiones para completar con éxito el tratamiento. Si realizas este tratamiento cuatro meses antes de la boda es conveniente que repitas una sesión mensual a modo de mantenimiento hasta la fecha del enlace. Y no olvides que después de la boda debes seguir cuidándote.

¡los buenos hábitos no deben perderse!

✓ otros tratamientos

brazos perfectos

Si tu vestido de novia es de manga corta tendrás la oportunidad de lucir unos brazos preciosos. La flacidez, la dermatitis congestiva y las alteraciones vasculares son problemas que mejoran con los tratamientos estéticos adecuados.

1. Si tus brazos están flácidos puedes probar desde tratamientos a base de galvanización, cosmética reafirmante con diatermia capacitiva, masajes estimulantes y aplicaciones de emplastos de algas o duchas alternantes, hasta un tratamiento LPG para remodelar y reafirmar la zona (mecanización del tejido conjuntivo mediante un sistema de aspiración y dos rodillos). El ejercicio físico localizado es, sin duda, tu mejor aliado contra la flacidez. Puedes utilizar pesas de 1,5 o 2 kilos y realizar elevaciones laterales y frontales en series de 15-20 repeticiones 3 veces por semana. ¡En los brazos los resultados se notan enseguida!

2. Si tienes problemas circulatorios, infórmate acerca de los cosméticos vasotónicos y descongestivos, el drenaje linfático manual y el masaje descongestivo.

escote y espalda estupenda

Si con el vestido que has elegido vas a lucir escote o espalda deberás poner especial atención para que estas zonas estén bien hidratadas y se muestren sin arrugas, sin flacidez y sin manchas. En función del problema a tratar, podrás elegir, entre otras soluciones: una microdermoabrasión con punta de diamante para exfoliar la capa superficial de la piel, corrientes de estimulación, tratamientos antiflacidez, de hidratación o despigmentantes, etc. ¡Protégete del sol!, no olvides que las manchas, arrugas y pecas pueden aparecer en tu escote y espalda en cualquier momento si expones tu piel sin cuidarla.

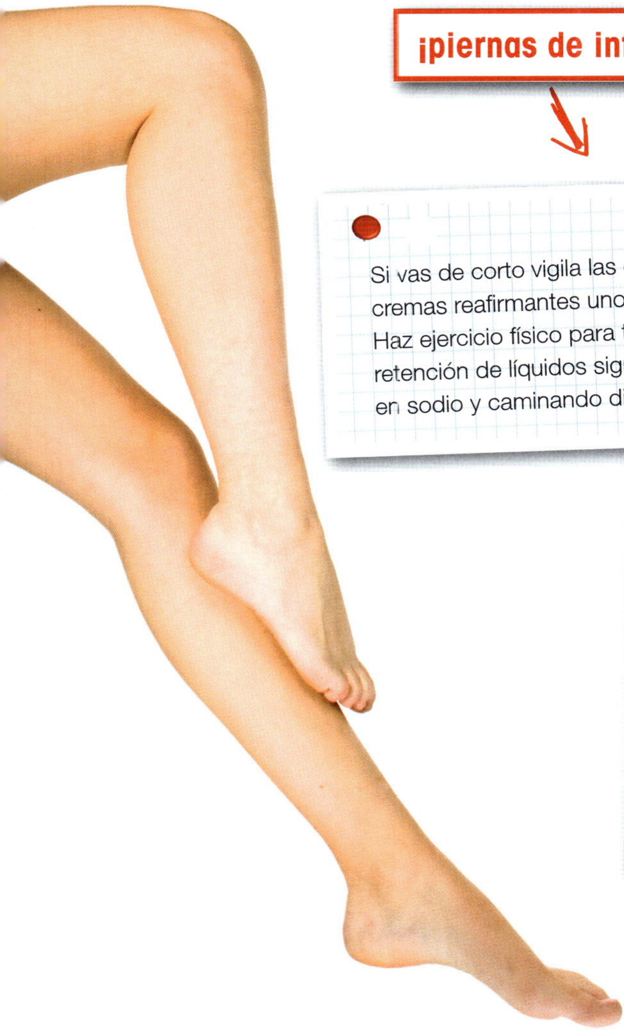

¡piernas de infarto!

Si vas de corto vigila las estrías, las varices y utiliza cremas reafirmantes unos meses antes de la boda. Haz ejercicio físico para tonificar las piernas y evita la retención de líquidos siguiendo una alimentación baja en sodio y caminando diariamente.

caderas y glúteos firmes y vientre plano

Para modelar las caderas y la cintura, reafirmar los glúteos y aplanar el vientre prominente hay diversos tratamientos estéticos que deberás consultar a un especialista para que sea él quien elija el más adecuado para ti. El masaje circulatorio, el drenaje linfático manual, los masajes reductores y tonificantes y la presoterapia son algunas técnicas adecuadas cuando la base del problema estético se debe a una mala circulación.
La endermología o LPG, la cavitación y la radiofrecuencia son algunas novedades de electroestética que están dando buenos resultados.

manos y pies

- **En casa:** no olvides hidratar las manos y los pies después del baño diario y exfoliarlos suavemente de vez en cuando.

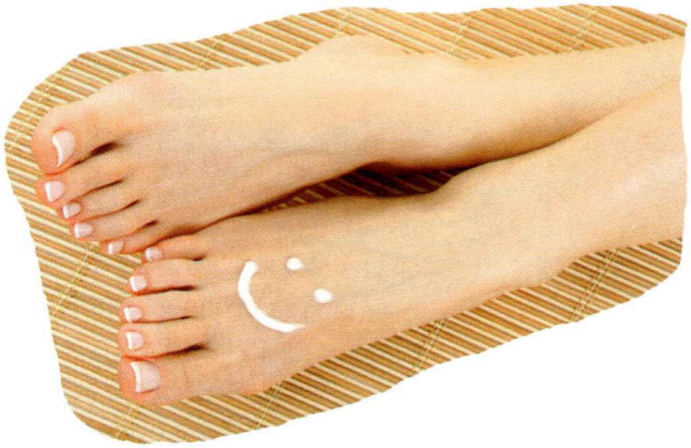

- **En cabina:** es muy recomendable el tratamiento de hidratación, el de alteraciones de la pigmentación si tienes manchas o pecas, y el de alteraciones en la vascularización si presentas sabañones o edemas en las manos. En el caso de los pies, es aconsejable que te sometas a un tratamiento para eliminar las durezas si es necesario.

[piel uniforme]

Los *peelings* o exfoliaciones unifican la tez, ayudan a controlar la secreción sebácea y mejoran la textura de la piel dotándola de luminosidad.

[el efecto del agua]

Una opción perfecta puede ser visitar un balneario (centro de aguas termales minero-medicinales), un *Spa* (centro de técnicas hidroestéticas) o un complejo de talasoterapia (centro de agua marina). Te beneficiarás del efecto terapéutico del agua en cualquiera de sus formas y disfrutarás de masajes y tratamientos estéticos y antiestrés.

Encontrarás:

1. Tratamientos faciales: higiene, hidratación y regenerativos o antiarrugas.
2. Tratamientos corporales: anticelulítico, reductor y circulatorio (piernas cansadas).
3. Tratamientos de manos y pies.
4. Tratamientos integrales: antiestrés, desintoxicante y postparto.

¿bronceado natural o artificial?

No hay duda de que un vestido de novia en blanco, champán o *beige* te sentará mejor si tu piel está ligeramente bronceada. Está demostrada la relación que existe entre el aumento de cáncer de piel y los rayos UVA, tanto naturales como artificiales. Si decides broncearte, sigue las recomendaciones de los expertos y no olvides que lo más importante es estar sana y ser tú misma.

Si te casas en verano, es estupendo si tienes la suerte de poder tomar el sol de manera natural, siempre y cuando lo hagas con precaución. Sin embargo, si tu boda está prevista para invierno u otoño tendrás que recurrir a técnicas artificiales, como las lámparas de rayos UVA o los cosméticos autobronceadores.

1. Bronceado natural.

Si tomas el sol con precaución evitarás la formación de lesiones irreversibles y, en ocasiones, cancerígenas, el envejecimiento prematuro y la aparición de manchas solares.

Algunas recomendaciones son:

- Aplícate una pantalla solar adecuada a tu fototipo, al menos treinta minutos antes de la exposición al sol.
- Aunque el bronceador sea resistente al agua, aplícatelo nuevamente después de cada baño.
- Evita tomar el sol entre las 12.00 y 16.00 horas.
- Alterna la posición en la que te expones al sol si no quieres que un lado de tu cuerpo quede más bronceado que el resto.
- Recuerda que el bronceado no se logra en un día. Solo lograrás que sea uniforme y saludable con exposiciones parciales y espaciadas.

2. Bronceado artificial.

Existen dos métodos de bronceado artificial:

> **Lámparas de rayos UVA.**
> Debes consultar a un especialista si tu tipo de piel puede recibir rayos UVA, con qué frecuencia y cuál es la técnica más adecuada para ti. Suele ser suficiente que comiences a aplicarte las sesiones un par de semanas antes de la boda.

> **Cosmética autobronceadora.**
> Los cosméticos autobronceadores, ya sean en crema para aplicarlos en casa o bien los que se administran con pistola en cabinas profesionales, siempre deben probarse antes del día de la boda, ya que sus tonalidades pueden variar mucho de una piel a otra. Su mayor ventaja es que no presentan efectos nocivos para la piel, pero deberás aplicarlos con cuidado si quieres evitar irregularidades en la pigmentación.

hábitos saludables para una piel espléndida

1. Mantén una dieta equilibrada rica en frutas y verduras.

2. Bebe al menos dos litros de agua al día.

3. Evita los cambios bruscos de peso.

4. Evita las bebidas alcohólicas.

5. Haz ejercicio físico moderado e hidrátate bien antes, durante y después de practicarlo.

6. Evita el estrés, descansa y procura dormir una media de ocho horas diarias.

7. Evita los espacios con humo, polución y mal climatizados.

8. Toma el sol de forma moderada y evita hacerlo entre las 12.00 y 16.00 horas. Nunca te expongas sin protección.

9. Cuidados faciales generales: por las mañanas y por las noches no olvides limpiar tu piel con lociones o emulsiones limpiadoras suaves y con tónico sin alcohol si tu tipo de piel te lo permite, aplícate una crema hidratante con índice de protección solar según tu fototipo, y por las noches no olvides aplicarte el *serum*. Evita lavarte la cara con agua y jabón. Si te maquillas utiliza fondos de maquillaje fluidos o en crema, mejor que en polvo, ya que estos últimos absorben el agua y los lípidos de la piel favoreciendo así la deshidratación. Al menos una vez por semana aplícate una mascarilla facial.

10. Cuidados corporales generales: utiliza un gel de baño compatible con el pH de tu piel, sécate el cuerpo con suavidad y aplícate diariamente, sobre todo en el cuerpo, una emulsión o crema hidratante. Si tomas el sol, usa un protector adecuado durante la exposición y productos calmantes, hidratantes y descongestivos después. No olvides aplicarte cosméticos humectantes e hidratantes en manos y pies.

dos **PELUQUERÍA**

cuidados y tratamientos

hidratación

Si notas que tu pelo está seco, quebradizo y estropeado es muy probable que esté deshidratado. Como consecuencia, se rompe con facilidad, se cae, se enreda, no crece al ritmo normal, es un cabello mate, sin vitalidad ni brillo, y que dificulta un trabajo de peluquería como puede ser la realización del recogido el día de tu boda. Si tienes el cabello seco deberás prestarle especial atención en los meses previos a la boda y seguir algunos cuidados diarios de manera constante. El tratamiento ha de ser tanto interno como externo. Internamente debes seguir una alimentación equilibrada y rica en vitaminas y proteínas, así como beber mucha agua. De forma externa, mejorarás el problema con el empleo de cosméticos específicos tales como las mascarillas regeneradoras o champús hidratantes y, en caso necesario, con tratamientos en cabinas profesionales.

color

El color debes aplicarlo unos días antes de la boda. Si tienes el cabello muy dañado, consulta con tu peluquero con tiempo suficiente para ver si necesitas un tratamiento regenerador o hidratante.

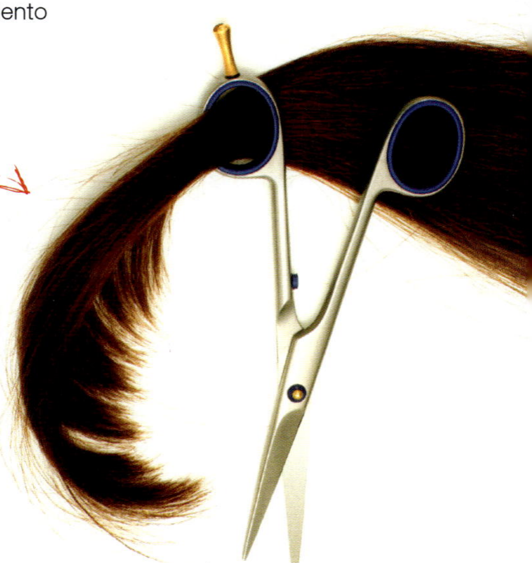

corte

Si tu intención es hacerte un recogido o semirecogido, olvídate de cortarte el pelo para que tu peluquero pueda realizarlo adecuadamente. Pregúntale qué tipo de recogidos puedes hacerte y cuál es su recomendación, o bien cuál es el corte que te aconseja para el gran día.

¿qué tipo de recogido elegir?

El recogido que más te favorecerá será aquel que armonice las formas, volúmenes y proporciones de tu rostro, y se adapte a tu estilo, edad y vestuario y a la ocasión en la que vas a lucirlo.

en función de tu fisonomía

- **Rostro ovalado:**

  al no tener asimetrías ni zonas dominantes, cualquier estilo de recogido te favorecerá, incluso los que lleven mucho volumen y tengan formas exageradas.

- **Rostro cuadrado:**

  es un rostro en el que abundan las líneas rectas y en el que la línea de crecimiento del cabello y la mandíbula son casi paralelas. Los recogidos con cabellos rizados y ondulados y las mechas sueltas de forma irregular compensan la angulosidad natural de este tipo de rostro. Deberás evitar los volúmenes laterales.

- **Rostro alargado:**

  se parece al rostro ovalado pero en este caso la frente y el mentón parecen más salientes. Lo que más te favorece son los semirecogidos o los recogidos con volúmenes laterales. Evita los recogidos muy tirantes y los volúmenes en la parte alta de la cabeza.

inspírate

> Rostro redondo:

es curvo, con la línea de crecimiento del cabello baja y un mentón que se une de forma imperceptible a la mandíbula. El recogido completo acentúa la redondez del óvalo por lo que lo más recomendable es un semirecogido del que caigan mechas irregulares por el contorno de la cara. Si lo que deseas es un poco de volumen, este deberá ir siempre en la parte superior de la cabeza, por encima de las sienes.

> Rostro triángulo:

es un óvalo estrecho en la zona de las sienes que se ensancha hacia la zona de las mandíbulas. Te sentarán bien los recogidos altos. El volumen moderado y los flequillos suaves son buenos aliados. No optes por recogidos bajos o demasiado tirantes en la zona de las sienes.

> Rostro triángulo invertido:

el óvalo se estrecha a medida que desciende hacia la mandíbula, dibujando la forma de un corazón. Los recogidos rizados y ondulados compensan los rasgos de este óvalo. Te favorecerán los recogidos bajos y las mechas sueltas desde las orejas hacia la nuca.

inspírate

> Perfil recto:

es considerado el perfil perfecto, así que si es el tuyo podrás permitirte los modelos de recogidos más atrevidos y todo tipo de volúmenes.

> Perfil convexo:

en este caso sobresale el centro del rostro, y la barbilla y la frente aparecen hundidas. Te favorecerán los recogidos con mechas largas en la zona de las patillas, los volúmenes en la parte superior y los flequillos. Debes evitar los recogidos hacia atrás muy tirantes.

> Perfil cóncavo:

sobresale la zona de la barbilla y de la frente. Acertarás con recogidos bajos con volumen en la nuca, y si optas por lucir flequillo. Debes evitar los volúmenes exagerados y los recogidos con nucas planas.

inspírate

> Frente corta:

si la distancia entre la línea de tu cabello y las cejas es pequeña, te favorecerán los flequillos largos y desfilados desde un punto alto de la cabeza.

> Frente larga:

si la distancia entre la línea de tu cabello y las cejas es grande, te favorecerán los flequillos espesos desde la línea de nacimiento del cabello.

> Frente estrecha:

si tu cabello crece en exceso en la zona de las sienes, te favorecerán los flequillos suaves y asimétricos (cortos en zona frontal y largos en las sienes) y las mechas sueltas y largas en la zona de las patillas.

> **Cuello corto:**

te favorecerán los recogidos con volumen en la parte alta de la cabeza. Deberás evitar los recogidos bajos y los volúmenes bajo las orejas.

> **Cuello largo:**

te favorecerán los recogidos bajos. Si optas por un recogido alto o medio alto podrás disimular su largura si le pides al peluquero que te deje mechas sueltas desde la frente al cuello.

[recogidos mágicos]

Si optas por recogerte el pelo el día de tu boda y tienes las orejas grandes y/o prominentes, las disimularás a la perfección si eliges un modelo de recogido que tenga mucho volumen lateral y mechas consistentes laterales.

inspírate

en función del traje

1. Escote.

Si tu vestido tiene escote cerrado evita recogidos bajos y aquellos en los que quedan algunos mechones sueltos en la parte posterior.

2. Volumen.

Si tiene mucho volumen el recogido debe ser sencillo; si tiene poco, podrás optar por cualquier tipo de recogido o apostar por uno con mucho volumen para compensar.

3. Talle.

El vestido largo admite cualquier recogido; el corto, los que son algo más sencillos; y el traje pantalón, los más naturales o un semirecogido.

4. Color del vestido.

El color del vestido debe armonizar con el de tu cabello y con el del tocado, en caso de llevarlo.

5. Tejido del vestido.

Los tejidos muy recargados, como el brocado o los encajes, requieren recogidos naturales, de lo contrario conseguirás que tu imagen final se aprecie demasiado pomposa.

en función de tu estilo

> **Sencillo e informal:** busca un recogido muy sencillo, con volúmenes y formas sueltas y poco trabajadas.

> **Clásico:** te va un recogido de volumen moderado, formas sencillas, clásicas, intemporales y acabados pulidos.

> **Extravagante:** te identificará un recogido diferente y sofisticado de acabado llamativo donde las formas jueguen con los volúmenes.

> **Romántico:** tu recogido ideal será sencillo pero diferente. Incluso te verás estupenda con un semirecogido y con el cabello suelto. Juega con las formas y apuesta por los volúmenes sencillos.

> **Vanguardista:** te sentirás cómoda con un recogido que siga las últimas tendencias en peluquería.

> **Retro:** busca un recogido basado en épocas y estilos anteriores. Desde los muy elaborados, como los característicos peinados del siglo XVIII, hasta los engominados con todo el cabello sin flequillo hacia atrás o los recogidos muy ahuecados acornados con una cinta de terciopelo en la frente, al estilo de los años veinte.

[postizos]

Puedes utilizarlos con un fin estético si quieres disimular algunos problemas como, por ejemplo, la pérdida parcial del cabello debida a una alopecia. Los hay de cabello natural y artificial, y de diferentes formas. Asegúrate de acudir a un buen profesional de la peluquería para que te lo coloque de forma natural y segura.

[péinate para ser tú misma]

Aunque el peinado tiene que durarte impecable muchas horas, no dejes que por ello te carguen de laca y cardados. No te favorecerá ese tipo de acabado. El peinado tiene que ser consecuente con tu estilo, vestido, cabello y facciones, por lo que es importante que no cambies tu imagen radicalmente para ese día. Lo mejor es que te pongas en manos de un buen profesional. ¡Déjate aconsejar, acertarás seguro!

[adornos]

Cómo adornar tu cabello dependerá de tu estilo, las tendencias y la moda. Los adornos deben estar en sintonía con el estilo que has elegido tanto para el recogido como para el vestido. Evita caer en excesos y ostentaciones. La ornamentación de un recogido es un trabajo delicado que debe hacer un profesional con buen gusto y que haya estudiado previamente la disposición de los diferentes adornos.

tres **MAQUILLAJE**

Para lograr que el maquillaje de novia sea óptimo es necesario preparar la piel y estudiar cuál es el estilo de la novia, cuáles son sus gustos y cómo será la ceremonia.

consideraciones previas

- Si no estás bronceada, es aconsejable que tomes algunas sesiones de rayos UVA para que adquieras un ligero tono bronceado. Si es verano, ¡cuidado con el sol! Procura no quemarte y pregunta a tu esteticista si alguno de los tratamientos que te está realizando es incompatible con el sol.

- Vigila tu alimentación, procura descansar y limpia e hidrata tu piel diariamente. Recuerda que una semana antes de la boda deberás hacerte la última limpieza de cutis. Si no fuera posible acudir a una cabina de estética, al menos hazte una exfoliación facial y aplícate una mascarilla.

- Es imprescindible que antes de la boca te hagas una prueba de maquillaje. El profesional debe probar las diferentes texturas de los productos en tu piel y elegir los colores más adecuados para ti. A su vez, deberá escuchar tus sugerencias para detectar tu estilo y así escoger el maquillaje con el que te sientas cómoda y favorecida.

el maquillaje que mejor te va

El maquillaje perfecto para una persona puede no resultar el más adecuado para otra. Es preciso que tengas en cuenta algunos aspectos para que la elección del tuyo sea la más apropiada.

natural

vs. sofisticada

> Estilo

El especialista que se encargue de maquillarte debe conocer tus gustos y tu estilo personal. En función de si eres más natural o más sofisticada elegirá un tipo de maquillaje u otro, o bien marcará más los labios, los ojos, etc. En la actualidad hay una tendencia hacia los maquillajes de novia sofisticados, principalmente en ceremonias de tarde y civiles, una alternativa arriesgada que solo se recomienda a novias con un claro estilo extravagante. La opción más segura es apostar por colores suaves y un estilo de maquillaje natural.

> Edad

El maquillaje de novia debe tender a la naturalidad. Debe ser un maquillaje elaborado pero que no esconda tu identidad ni exagere tu edad.

> Color del vestido

Si tu traje de novia es tradicional, en color blanco, marfil, *beige* o dorado, el maquillaje debe ser suave, evitando las líneas muy marcadas y los colores fuertes y netos. Sin embargo, si has optado por cualquier otro color o por casarte con un traje de calle, el maquillaje podrá ser más intenso y variado.

> Hora de la ceremonia

La luz condiciona la elección de los tonos más adecuados para el maquillaje. La hora de la ceremonia determinará el tipo de luz y, por tanto, el maquillaje a escoger. Si la boda se celebra por la mañana el maquillaje deberá ser suave y bien difuminado; si es por la tarde o por la noche, el maquillaje puede ser más intenso para contrastar el efecto de la luz artificial.

La propia luz natural no siempre es la misma: la luz blanca de los días claros no modifica los colores y hace que estos se reflejen tal y como realmente son; la luz de invierno o de días lluviosos es azulada y con ella los colores cálidos se acentúan y los fríos se oscurecen; y la luz de un día muy soleado hace que los tonos fríos parezcan más agresivos y que los cálidos resulten más dorados.

> Fotografía, vídeo y luz

Es importante analizar previamente la respuesta del color y la textura del maquillaje a la fotografía y al vídeo. Es fundamental evitar los brillos, por lo se debe prescindir de colores nacarados que puedan producir un efecto de mancha en la fotografía. Si la iluminación es natural, el maquillaje deberá ser suave y en tonos claros para evitar los contrastes y brillos, pues bajo esta luz envejecen. Si la luz es fuerte y artificial, el maquillaje puede basarse en tonos ligeramente más intensos pero sin olvidar la naturalidad que la novia necesita para sentirse cómoda.

[fijación y retoque]

No utilices brillos ni sombras muy nacaradas porque estropearán el trabajo del fotógrafo. Usa polvos traslúcidos, son indispensables para retocar y matizar tu maquillaje.

[diseño de cejas]

La forma de las cejas es importante porque estas enmarcan tu mirada y realzan tus rasgos. Para diseñar su forma deberás seguir las indicaciones de un especialista. Si las tienes muy finas, al principio quizás sea un poco duro pues no podrás depilártelas en aproximadamente dos meses. Pero merece la pena el esfuerzo Tendrás que repasarlas mensualmente para mantener impecable su aspecto, aunque en principio habría que retocarlas cada veintiún días, justo el ciclo de crecimiento del pelo de las cejas. Si el color no es el adecuado, podrás teñirlas según tu complexión facial y el color de tu piel y de tu cabello. La última depilación de cejas debes hacértela 4 o 5 días antes de la boda.

cuatro **DIETÉTICA**

Seguramente estás estupenda y no necesitas bajar de peso, pero si quieres deshacerte de algún kilo lo más recomendable es que acudas a un endocrino o a un nutricionista para que te oriente y sea él, como profesional, quien valore la necesidad de recomendarte un régimen alimenticio especial.

Es importante que aprendas a conocerte y que te aceptes y quieras tal cual eres. Cuídate practicando ejercicio físico y llevando una alimentación sana y equilibrada.

Recuerda:

1. Los tratamientos generales y básicos son la higiene y la hidratación facial y corporal. Con ellos prepararás tu piel para que esté reluciente el día de tu boda.
2. No descuides mimar cada parte de tu cuerpo: brazos, glúteos, caderas, manos, pies, escote, etc. Existen tratamientos estéticos específicos que ayudan mucho a mejorar su aspecto.
3. Si decides broncearte sigue las recomendaciones de los expertos. No olvides que más importante que estar morena es estar sana.
4. Otras recomendaciones que harán que tu piel se vea espléndida son, entre otras: comer bien, descansar, hacer ejercicio físico y beber mucha agua.
5. El recogido que más te favorecerá será aquel que armonice las formas, volúmenes y proporciones de tu rostro y que, además, se adapte a tu estilo, edad, vestuario y a la ocasión en la que lo lucirás.
6. El maquillaje de novia precisa preparar la piel previamente, estudiar cuál es el estilo de la novia, cuáles son sus gustos personales y qué tipo de ceremonia se celebrará.

notas y anécdotas para no olvidar:

EL TRAJE DEL NOVIO Y DE LOS INVITADOS

> Aunque en las bodas la novia acapara el mayor protagonismo, el novio también es objetivo de miradas y flashes, por lo que es preciso que cuide su aspecto y acierte en la elección del traje y los complementos con los que dará el sí quiero. Asimismo, los invitados, aunque en un segundo plano, se deberán vestir y acicalar para estar a la altura del evento, haciendo gala de un gran estilo y una exquisita elegancia.

LA elección de los vestidos y trajes es uno de los aspectos que más comentarios suscita después de dar por concluida la celebración de una boda. La gente recordará el vestido de la novia pero también lo bien vestida que iba la madrina, la elegancia del novio y el estilo de algunos invitados.

En general, antes de elegir la vestimenta todos deberán pensar en el tipo de ceremonia que se va a celebrar, así como en la fecha del año y el momento del día en que se llevará a cabo. La apariencia del padrino, la madrina, los testigos y los niños que lleven las arras o porten los anillos debe estar en consonancia con el estilo de la boda.

«Mira dos veces para ver lo justo. No mires más que una vez para ver lo bello».

Henry F Ariel

uno CUESTIONES PREVIAS

La tendencia actual de la moda nupcial apuesta por la mezcla de estilos, colores y estampados que rompan tabús y reglas encorsetadas, a semejanza con lo que ocurre en el panorama de la moda en general. Sin embargo, no olvides que siguen existiendo, especialmente en determinados sectores y en eventos concretos como las bodas, ciertas normas de protocolo que deberás tener presentes.

Las características de la indumentaria y de los accesorios que se lucen en una boda dependen del tipo de ceremonia, del lugar donde se celebra y del momento en que se festeja.

> Tipo de boda

La indumentaria varía dependiendo de si se trata de una boda formal, semiformal o de etiqueta y, muchas veces, de si la ceremonia es civil o religiosa.

> Lugar

Es importante respetar la cultura del país en el que se celebra la boda. Las costumbres en cuanto a la indumentaria cambian de un sitio a otro. La mantilla española, por ejemplo, se usa en ceremonias formales en España, pero en ningún otro país.

> Estación del año y hora del día

Solo la lógica y el gusto personal determinarán la elección de los tejidos más adecuados.

dos LA INDUMENTARIA EN UNA BODA

Antes de analizar y ofrecer ejemplos sobre la vestimenta en las bodas, hay que tener en cuenta los colores que mejor sientan a cada persona, sin olvidar los tejidos más adecuados dependiendo de la época del año en que tiene lugar el evento y, por supuesto, la etiqueta, en caso de que existan normas específicas de protocolo.

el novio

El novio deberá ir bien vestido pero sin abusar de detalles que llamen mucho la atención. Para ir elegante debe vestirse haciendo gala de la sencillez pero cuidando mucho los complementos, pues serán los elementos que le distinguirán. La ceremonia y el tipo de celebración condicionarán la elección de su traje; las opciones varían dependiendo de si se trata de una boda por la mañana o por la tarde, de una ceremonia civil o religiosa, o de si se celebra en una catedral, bajo una carpa en el campo o en la playa.

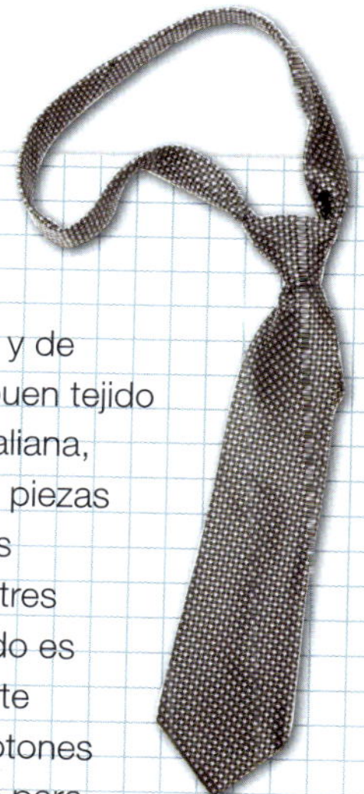

> Boda semiformal

Una opción es elegir un traje oscuro y de corte clásico confeccionado en un buen tejido acorde con la época del año: lana italiana, alpaca o algodón. Puede ser de dos piezas (pantalón y chaqueta), con dos o tres botones, de chaqueta cruzada o de tres piezas si añade chaleco. Lo adecuado es acompañarlo con una camisa de corte sencillo, cuello inglés o italiano sin botones y, preferiblemente, con puños dobles para utilizar gemelos.

Si el novio es más vanguardista puede llevar traje más moderno con levita o semilevita, pero en este caso no debe excederse ni con el color ni con el tejido.

La corbata para este atuendo es preferiblemente de seda y con motivos discretos y elegantes. Los zapatos ideales son oscuros, como los calcetines, y pueden ser de cordones o de hebilla.

[peluquería y estética para ellos]

El hombre cada vez cuida más su imagen. El día de su boda debería hacerlo con más motivo ya que también será el centro de todas las miradas. Una limpieza de cutis, un corte de pelo acorde a su estilo y tipo de rostro, retocarse las cejas y hacerse una manicura, serán algunos de los requisitos básicos para estar estupendo.

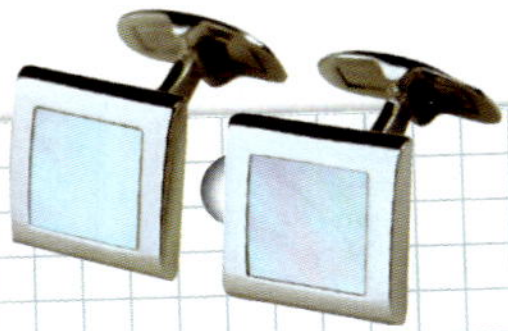

> Boda formal

Al traje se suma la opción del chaqué. Este se ha convertido en el atuendo más elegante. Complementos: cinturón, corbata y gemelos si la camisa lo permite. Algunos novios llevan un pequeño ramillete de flores discretas sobre su solapa o en el bolsillo del traje.

> Boda de etiqueta

La etiqueta define qué tipo de indumentaria masculina y femenina es la conveniente para asistir a acontecimientos sociales. Las normas de etiqueta varían entre los países y culturas, y son parte del ceremonial y un signo de elegancia. Aunque ya no son tan rígidas como hace unos años, siguen determinando la vestimenta que debe utilizarse en las bodas que así la requieran. Algunos trajes de etiqueta son:

1. Chaqué

> Cuándo usarlo

Es una prenda de vestir de etiqueta para utilizar durante el día, por la mañana y hasta el atardecer, aunque cada vez es más habitual en las bodas de tarde y noche. En estas últimas, es aconsejable diferenciar el color del chaqué del novio del de los testigos.

> Camisa

- Blanca, almidonada.
- Cuello normal sin botones.
- Puño doble para gemelos.
- Tejidos: hilo o popelín.

> Corbata

- Preferiblemente de color gris y de seda, aunque en las bodas se pueden llevar de otros colores.
- Nudo tipo *Windsor*.
- Puede llevar alfiler de corbata de perla.

> Pantalón

- Gris o negro con finas rayas verticales, de corte clásico y preferiblemente de cheviot.

> Chaleco

- Preferiblemente de color gris y de seda, aunque en las bodas se pueden usar de otros colores. El chaleco debe ser de corte clásico con una línea de tres o más botones cruzados.

> Chaqueta

- Prenda tipo levita con faldones separados en su parte delantera y solapas clásicas. Puede ser negra o gris marengo.

> Zapatos

- Preferiblemente tipo *Oxford*, zapato formal de cordones y costura prusiana (las dos partes de la pala que se juntan con los cordones están cosidas bajo la parte delantera del zapato y llevan la lengüeta cosida).
- En negro y mate.

> Sombrero

- No es frecuente el uso de sombrero. En todo caso se debe optar por uno de copa negro o gris, de pelo o seda brillante.

> Guantes

- De color gris.
- De vestir, de ante u otra piel similar.
- Se usan poco.

> Otros complementos

- Bastón, aunque apenas se utiliza.
- Pañuelo de hilo de color blanco y liso.
- Calcetines finos de color negro de hilo o seda.

> Condecoraciones

- El chaqué no admite condecoraciones, en todo caso, alguna miniatura de las mismas.

2. Frac

> Cuándo usarlo

Es la indumentaria masculina de máxima etiqueta. Se utiliza generalmente de noche y en lugares cerrados. Se viste en actos académicos, recepciones, cenas de gala, bodas, etc.

> Camisa

- Blanca, de pechera dura y almidonada.
- Cuello subido de pajarita.
- Puño de doble ojal para poder llevar gemelos.
- De hilo.

> Chaleco

- Ajustado, cruzado o recto de una fila de botones.

> Pajarita

- Pajarita blanca de piqué y hecha de lazo.

> Pantalón

- Negro, de corte clásico, liso y del mismo género que la chaqueta.
- Lleva una cinta de raso lateral de unos 2 cm. de ancho.

> **Chaqueta**

- Por delante llega hasta la cintura y, por detrás, tiene dos faldones separados entre sí que llegan a la altura de las rodillas.
- De color negro o azul-negro.
- Las solapas, de seda mate.

> **Guantes**

- De color gris claro, blancos o color hueso.
- De gamuza.

> **Otros complementos**

- Pañuelo blanco y de lino o hilo.
- Calcetines negros, de hilo o seda.
- Bufanda blanca y de seda, lana fina o cachemira.
- Abrigo recto, largo y de corte clásico. Podrá ser de lana o cachemira en negro o azul marino.

> **Zapatos**

- Preferiblemente tipo Oxford, de costura prusiana y cordones.
- Negros y mate, aunque también admite el zapato de charol.

> **Condecoraciones**

- El frac admite medallas y condecoraciones. Si el acto lo preside un Jefe de Estado se llevará banda por encima del chaleco.

> **Sombrero**

- De copa, negro y de seda mate.

3. Esmoquin

> Cuándo usarlo

- Indumentaria de fiesta que se usa en celebraciones de última hora de la tarde y, principalmente, de noche. Fuera de España se utiliza para vestir de etiqueta en ceremonias como bodas y galas. En España se emplea en fiestas, recepciones y cenas. El esmoquin solo será blanco en primavera o verano y si se luce en espacios abiertos.

> Camisa

- La más común es la de alas bajas (con las puntas dobladas hacia abajo) pero hay quien también viste esmoquin con camisas de cuello vuelto.
- Puño doble para los gemelos.

> Pantalón

- Siempre es del mismo color que la chaqueta excepto en el esmoquin de verano o media etiqueta, cuya chaqueta es blanca y se lleva con pantalón negro.
- De corte clásico y con una cinta de seda lateral.

> Fajín

- Se viste en lugar del chaleco y ha de ser de seda o del mismo tejido que el esmoquin.

> Pajarita

- Negra, de seda y hecha de lazo.
- También puede ser de otros colores a juego con el fajín: burdeos, verde, etc.

> Chaqueta

- De color negro, azul oscuro, granate o blanco, aunque el más usado es el negro.
- Puede ser recta o cruzada, con solapas redondas de gran abertura, de seda o raso brillante. Si se cruza llevará fajín. Solo se abrocha el botón superior.

> Guantes

- De vestir, de ante u otra piel similar y en color gris.
- Se usan poco.

> Otros complementos

- Bastón, aunque apenas se utiliza.
- Sombrero, aunque su uso es muy poco frecuente.
- Pañuelo de hilo de color blanco y liso.
- Calcetines finos de color negro de hilo o seda.

> Zapatos

- Preferiblemente tipo Oxford, de costura prusiana y cordones, en negro y mate.
- También admite el zapato de charol y los de hebilla.

> Condecoraciones

- El esmoquin no admite condecoraciones, únicamente el botón en el ojal del lado izquierdo.

4. Spencer

Es el traje de etiqueta menos utilizado en España. Solo se lleva por la noche en ocasiones de gran gala: bailes, recepciones, teatro, ópera, bodas, y siempre en lugares cerrados. Sus características y las diferencias que presenta respecto a otros trajes de etiqueta son las siguientes:

- El Spencer es siempre de color negro o azul-negro; a diferencia del chaqué, el talle de la chaqueta acaba en punta, a la altura de la cintura por delante, y por detrás apenas tiene un poco de falda que cae dividida en dos faldones. Las solapas son de seda mate.
- La camisa es la misma del esmoquin y se lleva con lazo negro.
- El chaleco puede ser cruzado o no, y se confecciona en piqué blanco o muaré de seda.
- El pantalón debe ser siempre del mismo color que la chaqueta. Lleva una cinta de seda en el lateral, igual que el del esmoquin, pero más estrecha.
- Los zapatos son como para el frac: tipo Oxford, de costura prusiana y cordón, negros mate o tipo charol.
- El sombrero, también como en el frac, será de copa, negro y de seda mate.
- Admite también todas las condecoraciones.

[el novio perfecto]

- La camisa debe tener las mangas lo suficientemente largas: el puño debe cubrir la muñeca y, si se viste con chaqueta, no debe quedar escondido dentro de esta, sino sobresalir como mínimo un centímetro.
- La medida del cuello de la camisa debe ser la adecuada para que no se levanten las puntas del mismo al poner la corbata. Lo correcto es que las puntas del cuello de la camisa toquen la pechera de la misma cuando se coloca la corbata.
- El nudo de la corbata debe cubrir el último botón del cuello de la camisa.
- La solapa de la chaqueta debe cubrir el borde exterior del cuello de la camisa, incluidas las puntas.
- Por detrás, el cuello de la chaqueta no deberá tapar por completo el cuello de la camisa.

el padrino y los testigos

El padrino y los testigos deberán ir vestidos con el mismo traje que el novio aunque es aconsejable que este lleve la corbata o el chaleco de distinto color para diferenciarse. Otros invitados, como los cuñados y los amigos más allegados, también pueden optar por vestir con el mismo atuendo que el novio.

[mil y una corbatas]

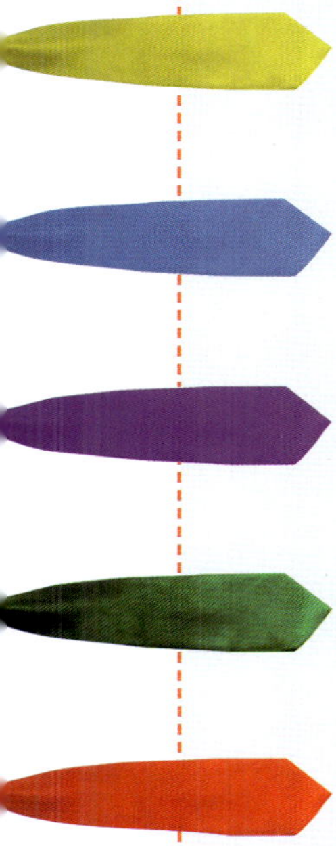

Las corbatas de noche pueden ser algo más brillantes que las de día. Los colores más clásicos son los azules y los grises, además del marrón con sus variantes: ocres, cremas, etc. Las corbatas de colores sólidos siempre son impactantes y elegantes, especialmente si son de tejidos de alta calidad. Las de tonalidades rojas destacan por su elegancia.

[acertar con el nudo]

El nudo de la corbata debe hacer juego con el cuello de la camisa. El nudo americano queda bien con cualquier tipo de cuello, pero el nudo Windsor solo sienta bien con el cuello italiano, el que tiene las puntas más bien abiertas. El nudo debe estar siempre apretado y ajustado al cuello para no dejar ver el botón superior de la camisa.

Nudo americano

Nudo Windsor

[fuera los botones]

No es aconsejable utilizar corbata con camisas que tienen botones en el cuello; son más elegantes las que no los llevan.

la madrina

La vestimenta de la madrina de una boda debe ser muy cuidada pues su papel en la ceremonia es muy destacado. Tiene diferentes opciones para elegir en función de su fisonomía y estilo personal: desde un traje de chaqueta de falda con un largo, al menos, hasta la rodilla y confeccionado en tejidos nobles, a un vestido largo festivo pero elegante a juego con un bolero o una torera.

Como complementos puede llevar un bolso de mano tipo joya, guantes, tocado y joyería poco recargada. La peineta y la mantilla son una opción, tanto en bodas que se celebren a mediodía como por la tarde, pero solo se deben usar con trajes de una sola pieza que lleven manga larga o francesa.

Los zapatos pueden ser de tacón medio o alto, mules o sandalias. Si optara por un vestido largo es mejor que sean abiertos.

las invitadas

boda a mediodía

> **Traje:** una buena opción es escoger un vestido con un largo por debajo de la rodilla, mejor en tonos claros y sin tejidos brillantes. Otra, última tendencia, es ir con un vestido corto, por encima de la rodilla. Si se opta por la segunda propuesta, es conveniente valorar si es el largo que más favorece y si es lo suficientemente elegante para el tipo de boda que se celebrará.

> **Complementos:** bolso de mano tipo joya, guantes y tocado. Se puede usar pamela si el traje es corto.

> **Zapatos:** cerrados de tacón medio o alto, mules o sandalias. Si el vestido es largo es mejor elegir unos zapatos abiertos.

boda por la tarde o noche

> **Traje:** es preferible llevar un vestido largo o, al menos, por debajo de la rodilla. Los tejidos para este tipo de vestidos no tienen límite: rasos, tafetanes, organzas, pedrería, terciopelo… Se pueden complementar con toreras, chales y estolas para cubrir los hombros durante la ceremonia.

> **Complementos:** bolso de mano en materiales ricos, como las lentejuelas o el carey, o de telas bordadas. Al igual que en las bodas a mediodía, se puede utilizar tocado. La pamela no es recomendable.

> **Zapatos:** si el vestido es corto pueden ser cerrados; si es largo, mejor abiertos.

boda muy formal

El atuendo dependerá de la hora a la que se celebrará y de la época del año. Una boda formal requiere un vestuario elegante y adecuado. La invitación, especialmente en este tipo de eventos, debe informar de la indumentaria requerida y, en caso de etiqueta, especificarla.
Si no se apunta nada en relación a la vestimenta, se deben respetar las reglas básicas, marcando el estilo individual de manera elegante y sin perder el respeto, especialmente hacia quien organiza la boda.

Se puede optar por un vestido de seda, terciopelo o algún otro tejido noble, o por un conjunto de pantalón o falda formal con una camisa o top sencillo, o con un toque discreto de fantasía, una chaqueta tipo bolero y un chal o *foulard*. El largo del traje dependerá de la hora del día, la ocasión concreta, las tendencias de la moda y de lo que mejor siente a cada persona: hasta la rodilla, inmediatamente debajo de esta o hasta los tobillos.

Los complementos, elegantes y sencillos. ¡Evita joyas, adornos y abalorios recargados!
El bolso pequeño tipo joya resultará el más adecuado. En cuanto al calzado, es preferible elegir zapatos de tacón alto, aunque tampoco queda mal el tacón medio. Puede ser tipo sandalia o cerrado. Solo si se opta por falda larga el zapato debe ser abierto.

Si la boda tiene lugar durante el día, las mujeres pueden llevar un vestido o un traje de chaqueta elegante, zapato de tacón alto o medio, un bolso pequeño y sombrero o pamela.
Si el sombrero tiene ala, se luce mejor con el pelo recogido.

boda de etiqueta

Las mujeres tienen más alternativas que los hombres, pues el vestido puede ser tanto sencillo y discreto como extravagante, siempre que no resulte estrafalario. Además pueden optar por un dos piezas compuesto por camisa o top sin mangas y falda larga, respetando el largo hasta los pies. La falda o el vestido han de ser largos, elegantes y confeccionados con tejidos nobles como el crepé, la gasa, el terciopelo, la seda, el raso, el muaré, etc. Se admiten múltiples opciones respecto a los escotes, tipos de tirantes, espaldas escotadas, bordados, lentejuelas, etc. Con respecto al colorido, existen distintas alternativas siempre y cuando sea estéticamente adecuado. El negro es, como siempre, una apuesta segura con la ventaja de que se puede combinar con blanco o *beige* discretamente o con rojo para las más audaces. Están permitidas las combinaciones más atrevidas, como fucsia y rojo o azul y verde, siempre y cuando la elección resulte armónica.

Complementos y calzado:

- **Joyas:** es una buena ocasión para lucir las más preciadas y sofisticadas. No debe llevarse reloj de pulsera.
- **Chaquetas o echarpes:** el traje podrá ir acompañado de un echarpe del mismo tejido. Una torera confeccionada con alguno de los mejores tejidos es una opción igualmente válida.
- **Bolso:** debe ser pequeño, tipo joya, de tela, metal, carey o pedrería, nunca de piel.
- **Zapatos:** el color no tiene por qué ser igual al del bolso ni al del traje. Deben ser, preferiblemente, de tacón. Con vestido largo es más adecuado que el zapato sea abierto o tipo sandalia.

[protocolo y etiqueta]

Si el protocolo exige etiqueta hay que cuidar con esmero tanto la vestimenta como los complementos para otorgar al acto la mayor brillantez. En el enlace matrimonial de los príncipes de Asturias se enviaron tres tarjetas diferentes: una firmada por los reyes, otra por el jefe de la Casa Real y una tercera remitida por los padres de Dña. Letizia Ortiz. Tanto en la invitación a la ceremonia religiosa, enviada por los Reyes, como en la remitida para asistir al almuerzo posterior, enviada por la Casa Real, se especificaba la etiqueta requerida: chaqué a los caballeros y traje corto a las señoras.

✓ si estoy embarazada

Estar embaraza no tiene por qué implicar renunciar a estar guapa y sexy, ni a disfrutar de la moda. Durante el embarazo, los cambios corporales se perciben desde el primer mes: la cintura se pierde enseguida, la barriga se pronuncia, el pecho se agranda, se retienen líquidos y se gana peso. La talla puede duplicarse en los cuatro primeros meses. Con todos estos cambios, la vestimenta habitual cambia, aunque con algunos trucos e ideas estilísticas se puede acudir guapísima y con mucho estilo. Existen tiendas específicas de moda para mujeres embarazadas con colecciones de fiesta modernas, estilosas y actuales.

Consejos para elegir el atuendo perfecto en caso de embarazo:

1. No renunciar al estilo personal.
2. Buscar el equilibrio entre las prendas superiores e inferiores, tanto en tejidos como en colores. Evitar los tejidos muy rígidos, especialmente en la parte superior, y huir de las prendas muy estampadas o con colores muy estridentes. Es preferible optar por colores neutros, oscuros y aquellos que más te favorezcan. Si se trata de dos piezas, falda y camisa o top, es preferible unificar los colores de ambas prendas para ganar en esbeltez. Si se opta por los estampados, es mejor elegir los de líneas verticales.
3. Evitar las prendas muy ajustadas. En caso de que se quiera lucir con orgullo la barriguita es recomendable usar prendas con *lycra* que no opriman.
4. Elegir un vestido de corte imperio. Son cómodos y favorecen mucho.
5. Optar por prendas de líneas verticales; mangas sastre, francesa, ranglan o kimono; escotes en pico o en «V» y cuellos drapeados.
6. Escoger una chaqueta o un bolero con cuello solapa, botonadura simple y corte sencillo.
7. Decantarse por tejidos naturales y finos para evitar pasar demasiado calor.
8. Aprovechar los accesorios para dar protagonismo a la barriga o bien para alegrar los estilismos básicos y neutros. Los fulares y chales pueden aportar un toque de color y gracia, al mismo tiempo que su caída vertical alarga la silueta.
9. Usar medias específicas para embarazadas.
10. Emplear calzado muy cómodo. Es preferible dejar para otra boda los zapatos de tacón muy alto
11. Prescindir de bolsos muy grandes; no son elegantes y, además, aportan más volumen.

boda en el extranjero

Las bodas suelen organizarse en función de la cultura del lugar donde se celebran, generalmente el país de origen de la novia. Lo mejor es esperar a recibir la invitación, pues normalmente los novios que tienen invitados extranjeros indican en ella cuál es la vestimenta recomendada. Si los novios no tienen en cuenta la necesidad de especificar el atuendo adecuado, habrá que consultarles directamente. Es importante informarse ya que, por ejemplo, no tiene nada que ver la indumentaria apropiada para un enlace en España que para una boda celebrada en Corea.

los niños, el séquito infantil

Las bodas son ocasiones especiales en las que los niños se visten de gala con prendas distintas a las del día a día. A ellos también les ilusiona asistir al enlace y contribuyen a aportar a la ceremonia un aire alegre y espontáneo. Solo hay que preocuparse de que las prendas elegidas para vestirlos no les resulten incómodas. Existe mucha libertad a la hora de escoger el atuendo de los niños que hacen de pajes o portan las arras en una boda. Dependiendo del tipo de ceremonia —civil o religiosa, formal o informal, en la playa, en el campo o en la ciudad— se podrá escoger un traje u otro, siempre y cuando sea original, simpático y, sobre todo, acorde con la boda.

¿Dónde acudir para vestir a los más pequeños?

1. *Boutiques* o tiendas especializadas en la confección y venta de trajes de ceremonia para niños: en ellas es posible elegir desde los vestidos, hasta los zapatos y todos los complementos necesarios, como adornos para el pelo, corbatas o cinturones. Como los niños se suelen cansar de probarse demasiados trajes, es recomendable que antes de llevarlos de compras hagas una preselección de las tiendas que más te gustan y de los modelos que mejor se adaptan a tan especial ocasión.
2. Modista: si decides encargar sus trajes a una modista bastará con pedir cita, acudir con los niños para que les tomen las medidas, e ir a comprar las telas. Los tejidos para los trajes de los niños deben ser suaves al tacto y adecuados a la estación en la que se celebrará la boda con el fin de que no pasen ni frío ni calor. Es aconsejable optar por el terciopelo o la seda en invierno, y por los rasos, los tules, el lino o las organzas en verano. Es muy importante que los zapatos sean cómodos y que no los estrenen ese día. Los complementos más usuales son los fajines, los lazos, los bordados y las flores.

En cuanto al cabello, es conveniente sanearlo para que esté en buenas condiciones y hablar con la peluquera para escuchar sus recomendaciones acerca de cómo habéis pensado peinar a las niñas y de cómo queréis adornarles el cabello. Puede que sea una buena idea hacerles una prueba para que las niñas se habitúen.

Días antes de la boda es preciso acudir de nuevo a la modista o a la *boutique* para comprobar que el traje se ajusta a la perfección a las medidas del niño, ya que es posible que se le haya quedado pequeño. Para que los niños se sientan cómodos el día de la boda lo mejor es dejarles que participen en todo el proceso de elección de la ropa y los complementos que llevarán. A las niñas les suelen encantar los vestidos románticos, ya que les hacen parecer princesas de un cuento de hadas.

Recuerda:

1. Las características de la indumentaria y los accesorios dependerán del tipo de boda, del lugar donde se celebre y del momento del día en que se lleve a cabo.
2. El novio elegante viste sencillo pero cuidando mucho los detalles de los complementos, elementos que le distinguirán. La ceremonia y el tipo de celebración condicionarán la elección de su traje.
3. El padrino y los testigos deberán ir vestidos de manera similar al novio.
4. La madrina de una boda tiene un papel destacado, así que su vestimenta debe ser muy cuidada.
5. Si vas de invitada a una boda las recomendaciones en tu vestuario dependerán de si es una boda de mediodía o de tarde, y del tipo de boda atendiendo a la formalidad y/o etiqueta.
6. Existen tiendas de moda específicas para la mujer embarazada en las que se pueden encontrar trajes modernos, estilosos y actuales con los que poder asistir a una boda.
7. Si has sido invitada a una boda en otro país, infórmate de las costumbres que por cultura rigen este tipo de acontecimientos. Espera a recibir la invitación, probablemente los novios describan las recomendaciones para la vestimenta.
8. Con respecto a la ropa de los niños, es preciso escoger tejidos suaves al tacto y adecuados a la estación en la que se celebrará la boda.

notas y anécdotas para no olvidar:

TODO A PUNTO PARA EL DÍA «D»

> LOS PREPARATIVOS DE UNA BODA SON CRUCIALES PARA QUE ESTA SALGA TAL Y COMO LA HABÉIS PREVISTO. ES CONVENIENTE DEDICAR UN TIEMPO PRUDENCIAL PARA ELEGIR EL REGALO QUE DARÉIS A VUESTROS INVITADOS, CONFORMAR VUESTRA LISTA DE BODA, ELEGIR LA MÚSICA QUE SONARÁ EN CADA MOMENTO O VALORAR EL TRABAJO DE VARIOS FOTÓGRAFOS PARA DECANTAROS, SIN PRISAS Y SOPESANDO MUCHO LA RELACIÓN CALIDAD-PRECIO, POR LA OPCIÓN QUE MÁS SE AJUSTE A VUESTROS GUSTOS Y VUESTRO BOLSILLO.

UNA boda se puede organizar con poco tiempo siempre y cuando se prevean con rapidez y decisión todos los preparativos necesarios. Que salga redonda no dependerá tanto del tiempo de antelación del que se disponga, sino de la capacidad de planificación y elección para que todo esté a punto cuando llegue el gran día.

Lo ideal es que personifiquéis la celebración al máximo cuando, por ejemplo, elijáis los regalitos para los invitados o escojáis el tipo de reportaje fotográfico.

Pensad en la posibilidad de facilitad lista de boda a vuestros invitados si deseáis ahorrarles quebraderos de cabeza y preferís regalos tangibles y no en metálico. La comunicación que establezcáis con ellos es fundamental: deberán recibir la invitación con tiempo suficiente, un escrito de agradecimiento por el regalo y estar informados lo antes posible en caso de aplazamiento o cancelación por cualquier imprevisto.

«Acepta los riesgos, toda la vida no es sino una oportunidad.
El hombre que llega más lejos es, generalmente, el que quiere y se atreve a serlo».

Dale Carnegie

El único testimonio gráfico de una boda lo conforman las fotos y el vídeo. A pesar de que esto supone un gasto del que quizás queráis prescindir, pensároslo dos veces pues, sin duda, se trata de un bonito recuerdo para la posteridad.

uno REPORTAJE FOTOGRÁFICO

Es imprescindible elegir un buen profesional que, además de su pericia con la cámara, tenga siempre un plan B en caso de que surja algún imprevisto. Es mejor prescindir de fotógrafos *amateur* que se dedican a fotografiar bodas los fines de semana mientras a diario trabajan en otra actividad. Si no es profesional, normalmente el fotógrafo trabajara solo y, en caso de problemas con el coche, enfermedad o un acontecimiento personal repentino, no podrá cumplir con su compromiso.

Otra opción es encargar este trabajo a un amigo o familiar que sepa algo de fotografía. Seguro que se presta sin ningún compromiso y que realiza el trabajo lo mejor posible. El ofrecimiento os permitirá ahorrar todo o parte del coste pero tenéis que tener en cuenta que el nivel de compromiso es distinto y que, además, esa persona estaría dedicándoos parte de su tiempo de ocio o, si está invitada, no disfrutaría del evento como el resto de los congregados. Si decidís que no queréis involucrar a nadie y asumís ese gasto, merece la pena contar con un servicio profesional basado en material de confianza y una gran experiencia.

Tendréis que preguntar en el espacio destinado a la celebración de la ceremonia si disponen de un fotógrafo en exclusiva. Si es así, hay dos opciones: elegir el fotógrafo oficial o encargar el trabajo a otro, en cuyo caso tendréis que pagar una sanción. La cuestión es plantearos si merece la pena abonar ese recargo; habrá casos en los que será lo mejor para evitar un disgusto con el resultado final de un reportaje gráfico mediocre. Tened en cuenta que las improvisaciones y los ahorros a veces son sinónimo de fracaso.

A la hora de llegar a un acuerdo con el fotógrafo, fijad muy bien cuáles son las condiciones, es decir si dentro del presupuesto ofertado está incluido un segundo fotógrafo, cuántas horas de trabajo se pactan y cuántas necesitará realmente, qué equipo llevará y qué trabajo de posproducción realizará. Debe estar preparado para todo tipo de imprevistos: baterías, cámaras de repuesto, luces, etc. No os olvidéis de especificar o preguntar todo lo que deseéis: montaje y estilo que queréis dar a las fotografías, posibilidad de realizar álbumes extras, etc. Hay parejas que desean que el fotógrafo capture todos los instantes de la celebración y otras que prefieren que el reportaje se ciña a la ceremonia y el banquete y pasan por alto otros momentos como, por ejemplo, la barra libre. Lo mejor es que os reunáis con él un par de veces para detallar todos los aspectos y para que os conozca y vea qué tipo de pareja sois, qué os gusta y qué no, qué planes tenéis y cómo veis vuestro futuro en común. De esta forma, el fotógrafo intuirá qué momentos son los más esperados para filmar, qué miradas hay que captar y qué gestos son totalmente personales y merecen la pena registrar para retener en la memoria.

elección del tipo de reportaje

El estilo clásico o tradicional todavía sigue siendo el preferido. La calidad y el precio, así como la posibilidad de colocar las fotos según la elección de los novios, son aspectos decisivos para escoger esta opción. El libro de fotos o fotografía digital, algo más costosa, requiere de una gran dosis de sensibilidad por parte del profesional a la hora de colocar las fotos en el álbum, pues la posproducción precisa de muchas horas delante del ordenador y de saber muy bien qué resultado esperan los novios.

Algunas parejas optan por un reportaje o *shooting* previo a la boda. Es una buena sugerencia si preferís tomar contacto previo con el profesional y tener más confianza ante el objetivo. Además será un bonito recuerdo previo al día «D». Lo ideal es que, unos días antes, os reunáis con el fotógrafo en un escenario habitual —una cafetería, una casa particular o en un parque— para que el reportaje sea lo más espontáneo posible. Poneos ropa cómoda y mostraos ante la cámara en situaciones cotidianas, con naturalidad, sin posar, sin nervios y sin familiares. El fotógrafo irá captando momentos espontáneos muy personales y esto le servirá para que el día de la boda esté convencido de cómo tiene que trabajar con vosotros para que el reportaje sea un éxito. Este breve reportaje previo merece la pena y es realmente divertido.

[todos a fotografiar]

Una opción para que los invitados participen en la tarea de inmortalizar el evento y, a su vez, puedan fotografiarse los unos a los otros es situar en cada mesa del banquete una cámara de fotografías desechable. Cuando las reveléis encontraréis fotos divertidas y espontáneas y, sobre todo, nadie faltará en el álbum.

dos **MÚSICA**

Naturalmente la elección de la música para una ceremonia matrimonial —ya sea religiosa o civil— es tarea de los novios. Podéis seleccionar las tradicionales piezas clásicas o decantaros por música que tenga un significado especial para vosotros.

«Marcha nupcial» de Felix Mendelssohn es la obra más oída durante la entrada y salida del cortejo nupcial. Esta pieza musical fue elegida por la princesa Victoria de Inglaterra en su boda con el príncipe Federico Guillermo de Prusia para la entrada a la iglesia y, desde entonces, sigue escuchándose en la mayoría de los enlaces matrimoniales. Otro clásico es «Ave María» de Schubert, una melodía muy típica durante la Comunión en el caso de los enlaces religiosos. Sin embargo, existen multitud de partituras válidas para amenizar la alianza.

La entrada en el lugar donde se va a celebrar la ceremonia puede verse acompañada también por «*Allegro* de Concierto para órgano y orquesta op. 7 nº 3», «*Canticorum Iubilo*» o «Largo de Xerses», de Haendel, o por «Marcha del Príncipe de Dinamarca» o «Marcha de Tannhäuser» de Wagner.

En las bodas religiosas, durante la liturgia, son más adecuadas obras serenas que invitan a la meditación como «Aleluya» de Cristóbal de Morales, «Canon» de Pachelbel, «Santo» de Schubert o «Ave María» de Gounod.

La Comunión es un momento de recogimiento muy especial en el que se pueden interpretar composiciones como «*Tantum ergo*» de Mozart, «*O Salutatis hostia*» de Juan Crisóstomo Arriaga «*Adagio*» de Albinoni o el aria «*Bist du bei mir*» de Bach. Durante la bendición de los nuevos esposos, «*Regina coeli*» de Tomás Luis de Victoria es una de las partituras más adecuadas.

En el momento de la firma por parte de los novios, padrinos y testigos se puede optar por algún tema más alegre, como «*Cantata nº 69*» de Bach o «*He shall feed his flock like a Shepherd*» y «*Come unto Him*», arias de «El Mesías» de Haendel. En la salida podrían interpretarse las piezas «Marcha nupcial de Lohengrin» de Wagner, «Aleluya» de «El Mesías» de Haendel, «La primavera» de Vivaldi o «Tocata y fuga en mi menor» de Bach.

En las bodas civiles la elección musical permite más alternativas. Normalmente para la llegada de la novia se puede escuchar «*Entrada de la reina de Saba*» de Haendel, «*Sueño de Amor*» de Liszt o «El *otoño*» de Vivaldi. Para las lecturas son muy típicas las melodías «*Cole Porter Melody*», «El *Concierto de Aranjuez*» o «*Imagine*» de John Lennon. En el caso de las firmas muchas parejas optan por bandas sonoras de películas como *Memorias de África, La Misión, Desayuno con diamantes, etc*. En la boda civil hay más versatilidad y libertad, pues no es preciso ceñirse a las piezas litúrgicas o sagradas. En cualquier caso, la elección debe ser asunto vuestro para que personalicéis la ceremonia al máximo.

elección de la formación musical

A la hora de planificar la música que elegiréis para la ceremonia y el banquete, debéis conocer las diferentes formaciones musicales de artistas para escoger la que más se ajuste a vuestras preferencias.

- **Grupo a *capella*.** Se trata de tres o cuatro vocalistas que interpretan los temas elegidos sin acompañamiento musical.
- **Solista.** Puede ser una soprano o un tenor interpretando con o sin música. El acompañamiento del órgano dota a la actuación de la soprano de mayor emoción y euforia.
- **Coro.** Al menos son seis solistas con acompañamiento musical. Suelen combinarse hombres y mujeres (tenores, barítonos, sopranos y *mezzos*). Es la opción que más solemnidad aporta al acontecimiento.
- **Cuarteto de cuerda.** Normalmente está formado por dos violines, una viola y un violonchelo.
- **Cuarteto de aire.** Lo componen una flauta, un clarinete, un oboe y un fagot.
- **Quinteto.** Se puede realizar con un cuarteto de cuerda o aire que se complementa con la introducción de instrumentos muy precisos como el piano o el arpa.
- **Orquesta de cámara.** Formada por cuatro primeros violines, tres segundos violines, dos violas, dos violonchelos y un contrabajo.
- **Pequeñas orquestas.** Se encargan de configurar, en función de los temas elegidos, el número de cantantes y/o instrumentos musicales.
- **Orquesta de *jazz*.** Se trata de una propuesta moderna, elegante y cautivadora. Normalmente lo conforman cuatro componentes: guitarra, bajo, batería y trompeta o saxofón.
- **Grupo de góspel.** Puede estar formado por un conjunto de ocho a veinticinco cantantes. Pueden cantar *a capella* o bien acompañados de instrumentos musicales. Su repertorio está lleno de temas espirituales de música negra. Es un espectáculo que nunca decepciona.
- **Mariachi.** Estas formaciones son alegres y llenas de colorido. El grupo de mariachi está formado, generalmente, por un número de entre siete a doce componentes. De su repertorio podréis elegir rancheras, boleros, corridos, cumbias y valses mexicanos.

tres REGALOS Y LISTAS DE BODA

El ajuar de la novia es una tradición que ha variado indudablemente desde sus inicios. Antiguamente, el día de la boda se entregaba a la novia un cofre con sábanas, mantelerías, toallas, etc. Según la tradición, era la madre del novio quien seleccionaba el ajuar para la casa del futuro matrimonio aunque hoy sois vosotros quienes podéis decidir cómo organizar y engalanar vuestro nuevo hogar.

listas de boda

Christofle, el platero francés, se proclamó como el inventor de la lista de boda en 1856. Según explicaba, se había cansado de que muchas parejas quisieran cambiar regalos de boda que tenían repetidos, así que pensó que sería una buena solución que los novios pudiesen elegir los regalos previamente y proporcionasen a sus invitados el nombre del establecimiento donde poder adquirirlos.

Esta idea evita que los recién casados reciban algo que no les gusta o no les resulta de utilidad o, bien, el mismo regalo dos veces. Para los invitados puede resultar muy cómodo pues no tendrán que estrujarse la cabeza pensando en qué regalar.

si ya tenéis la casa montada

Muchas parejas se casan después de haber convivido una temporada, por lo que es de suponer que ya tienen su casa decorada y no necesitan ningún artículo de una lista de boda. Si es vuestro caso, tenéis distintas maneras originales para sugerir a vuestros invitados que el dinero sería el mejor presente:

- Enviar una carta o una tarjetita (después de haber remitido la invitación, nunca junto a esta) donde señaléis vuestro número de cuenta y expliquéis que el mejor regalo sería recibir dinero debido a que tenéis intención de comprar algunos muebles pasados unos meses o en otra ciudad.
- Enviar una tarjeta (después de haber remitido la invitación) con un mapamundi donde señaléis gráficamente con un avión las millas que os separan del destino elegido para pasar vuestra luna de miel. Tendréis que poner a la venta estas millas indicando, por ejemplo, que con 200 euros os habréis acercado 500 millas. Es una manera original y simpática de indicar a vuestros invitados que preferís que os regalen dinero. Pueden participar comprando 500 o más millas hasta completar la distancia total que marquéis. Si después no empleáis la recaudación en hacer ese viaje, ¡no tiene por qué enterarse nadie!
- Contratar una lista de boda virtual en alguna página web que se encargue de enviar a los invitados una lista ficticia de regalos. La web recauda el dinero que luego entrega a los novios excepto su comisión que suele ser del diez por ciento sobre el total recaudado.
- Solicitar a los invitados, por familias, que se hagan cargo de alguna partida de la boda. De esta forma, una familia pagaría el reportaje fotográfico, otra se haría cargo de las flores, una tercera se ocuparía del gasto que conlleva la música, etc. Podréis ahorraros un buen pico y vuestros invitados quedarán satisfechos de haber colaborado en la organización de la boda.

una nota de agradecimiento

Lo ideal es que los invitados entreguen su regalo unas semanas después de haber recibido la invitación. Si lo hacen después de la boda, o durante su celebración, supondrá un trastorno para vosotros, pues probablemente no podréis ocuparos de recoger sobres y cheques ni, mucho menos, de llevar un control de los mismos. Un detalle muy bonito es enviar a los invitados notas de agradecimiento por su regalo donde mostréis lo mucho que os ha gustado y expliquéis qué uso le daréis, si se trata de un artículo material, o en qué lo emplearéis, si se trata de dinero. Lo correcto es que estén manuscritas a mano y que las entreguéis por correo postal, jamás en mano, aunque si os resulta más cómodo podéis enviarlas por correo electrónico a los invitados usuarios de Internet.

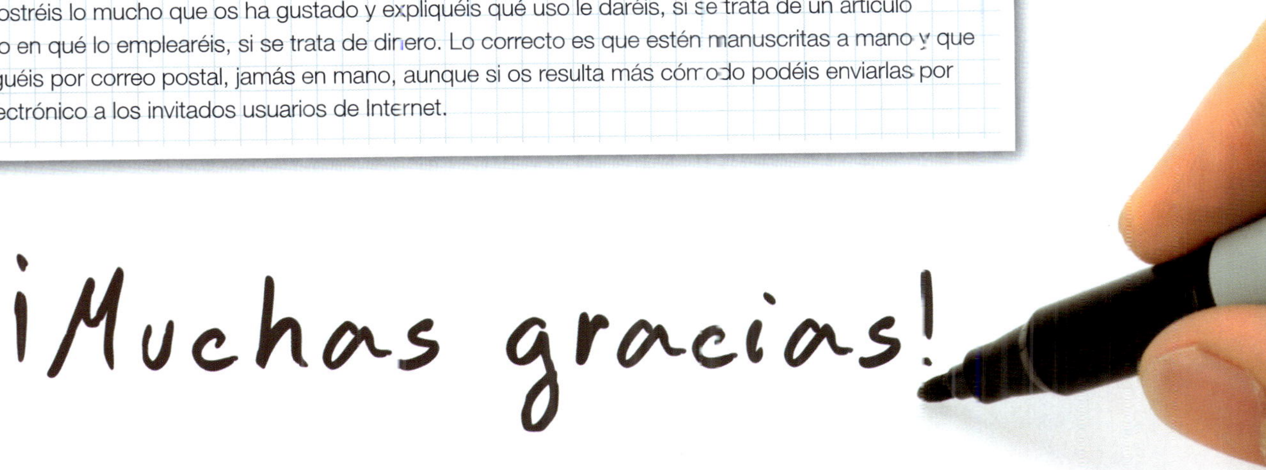

regalos para el recuerdo

Durante la sobremesa, aproximadamente media hora después de servir los cafés, podéis levantaros para recorrer la estancia mesa por mesa y repartir un pequeño obsequio de agradecimiento a vuestros invitados. La oferta que tenéis es variada y muy imaginativa. La elección del regalo dependerá de vuestras preferencias y de vuestra economía, aunque lo ideal es que sea útil y lo más pequeño posible para evitar que los invitados tengan que cargar con él durante el tiempo que dure la celebración. Es importante que los entreguéis en mano y personalmente.

Sea cual sea vuestra elección, no dudéis en dedicar unos minutos a hablar con vuestros invitados para agradecerles su asistencia mientras les entregáis el recuerdo de vuestra boda. Si se os dan bien las manualidades o tenéis cerca a algún artista, podéis optar por regalos originales como broches de fieltro, colgantes de esmalte, etc. Los invitados quedarán encantados y vosotros...

¡economizaréis gastos!

cuatro **ESQUEMA DEL DÍA «D»**

✓ Os resultará muy útil especificar detalladamente lo que hay que hacer en cada momento y vuestras preferencias. Será una herramienta imprescindible para todas las partes implicadas, incluidos vosotros. Esta especie de guión debe constar de:

- Listado de cada uno de los proveedores con dirección, teléfono, página web, cuenta de correo electrónico y datos de los interlocutores habituales y de las personas que quedan de guardia para hacer alguna sustitución o por si surge cualquier imprevisto.
- Instrucciones para cada proveedor.
- Pasos y protocolo antes, durante y después de la ceremonia.
- Copia de la música elegida y de las lecturas para la ceremonia, así como la designación de las personas que las llevarán a cabo.
- Tiempo estimado de duración de cada acto.
- Lista con los detalles importantes subrayados y con la explicación de por qué son cruciales.

✓ Podréis indicar al catering cuándo y de qué manera debe servir cada plato, incluir instrucciones acerca de la música que acompañará, por ejemplo, al postre, o especificar de qué forma se debe empezar a servir en caso de que esté prevista alguna sorpresa a algún familiar o amigo. A los músicos tendréis que indicarles la duración de cada momento y las piezas elegidas, así como dónde estarán situados dentro del salón, en el jardín, etc.

- En cuanto al traslado de invitados, podréis indicar dónde deben estacionar los autobuses, en caso de que sean necesarios, así como los nombres de las personas que irán en cada vehículo, y la hora de salida desde el punto de encuentro y de llegaca al banquete. Si elegís una ruta para el servicio de autobuses, deberéis especificarla detallando las razones (para sortear el tráfico, porque las vistas son más bonitas, con el fin de evitar llegar demasiado pronto, etcétera).
- Si es necesario el alojamiento de algunos invitados, el hotel ha de estar informado de qué huéspedes recibirá, de qué día entrarán y cuándo saldrán, del número de personas por habitación, especificando los adultos y los niños así como cualquier preferencia personal. Deberéis indicar, asimismo, si los invitados se harán cargo de la factura o, si por el contrario, sois vosotros quienes correréis con ese gasto.
- Para seguir con éxito la preparación del día «D», os resultará muy práctico elaborar un croquis detallado por horas y notas importantes, tanto para organizar el preámbulo (peluquería, maquillaje, recogida del vestido de novia, recepción del ramo, llegada del fotógrafo y del coche, etcétera), como el desarrollo de la ceremonia (llegada de la novia, comienzo de la música, entrada de los invitados, entrada de la novia, salida de los novios, etcétera) y del banquete (comienzo del cóctel, llegada de los novios, comienzo de la cena, brindis de agradecimiento a los invitados, entrega de regalos, comienzo del baile, recena, finalización de la barra libre, salida de los autobuses para el traslado de invitados, etcétera).
- Deberéis detallar al máximo cada punto y ser muy claros en vuestras explicaciones para que cualquier familiar o amigo pueda encargarse de seguir cada paso y supervisar que todo está bajo control.

cinco CUESTIONES PRÁCTICAS

Una vez que habéis elegido la fecha y la hora de vuestra boda, así como el tipo de ceremonia y el espacio destinado a la celebración, es necesario que tengáis en cuenta una serie de puntos para que todo salga según lo previsto y podáis controlar los tiempos y el gasto económico. Tendréis que ser realistas y prácticos en todas las cuestiones que giran en torno a la preparación del enlace.

BODA
- vestido
- peluquería
- maquillaje
- restaurante
- menú
- invitados
- regalos agradecimiento
- música

- **Esquema de vuestra boda.** Tened en cuenta todos los aspectos para que nada se os escape.
- **Presupuesto detallado.** Cread una hoja de cálculo con los gastos previstos por partidas. Si vais anotando los gastos finales podréis comparar y compensar los costes, destinando más presupuesto a las partes que más importancia concedáis. Es la mejor forma para que no se disparen los gastos.
- **Lista de invitados.** Confeccionad una lista inicial e id perfeccionándola a lo largo del tiempo de preparación para cerrarla de forma definitiva cuando vayáis a enviar las invitaciones. Es imprescindible que hagáis un seguimiento de las confirmaciones, cancelaciones, dudas, etc… A la vez, tendréis que confeccionad un protocolo de ubicación de los invitados en el salón, que irá cambiando a medida que vayáis teniendo respuestas.

> **Entretenimiento para los niños.** Si, entre los invitados, hay niños pequeños, podéis ofrecerles un divertido entretenimiento para que, además de que ellos estén distraídos, sus padres puedan disfrutar plenamente de la boda.

> **Entretenimiento para vuestros invitados.** Las opciones son ilimitadas, desde sencillas fuentes de chocolate, magos, humoristas y caricaturistas, hasta artistas de ópera que interactuarán con los invitados interpretando piezas conocidas para que todo el mundo pueda seguirlas. Se trata de una opción interesante para la sobremesa y así no pasar directamente de la comida a la barra libre.

> **Regalos para los invitados.** Planificad bien este tema ya que hay un sinfín de propuestas prácticas. Para agradecer a vuestros invitados su presencia, podéis sorprenderles con un regalo que puedan utilizar ese mismo día: sombrillas, en caso de que la ceremonia sea al aire libre; alpargatas para el baile; un álbum de fotos de la boda, que recibirán en sus casas unos días después; etc.

> **Detalles en los baños.** Podéis personalizar jaboncitos con vuestras iniciales o colocar en una cesta pequeños cepillos de dientes a discreción de los invitados.

> **Selección de la música.** Confeccionad una lista con vuestros temas favoritos.

aplazamiento o cancelación

Estas situaciones suceden debido a causas imprevistas como, por ejemplo, una enfermedad, un accidente, un fallecimiento o la ruptura del compromiso matrimonial. Lo conveniente es avisar a los invitados con una tarjeta en la que se anuncie la decisión sin facilitar detalles. El carácter dramático de estas circunstancias hace que los invitados lo entiendan.

En caso de aplazamiento, si el problema que lo ocasionó queda resuelto, los novios fijarán una nueva fecha que deberán comunicar a sus invitados a través de nuevas invitaciones, similares a las anteriores. Si se han recibido los regalos, se pueden conservar aunque la boda se posponga varios meses. Si se trata de una cancelación, lo adecuado es devolverlos acompañados de una nota manuscrita de agradecimiento en la que se comunique la cancelación del evento sin dar más explicaciones.

Recuerda:

1. A la hora de elegir un profesional para vuestro reportaje audiovisual y fotográfico, es importante que sepáis si el fotógrafo cuenta con un sustituto que pudiera realizar el trabajo en caso de que le surgiera cualquier imprevisto.
2. Pedid al fotógrafo que os enseñe tanto álbumes tradicionales como digitales, para ver los resultados y valorar ambas opciones.
3. Una idea genial es realizar un reportaje previo a la boda con el mismo fotógrafo que acudirá el día «D». Además de ser un bonito recuerdo, servirá para familiarizaros con su forma de trabajo y para que él capte vuestra forma de ser.
4. En la ceremonia civil hay gran versatilidad a la hora de elegir la música. No os ciñáis a las tendencias actuales, el repertorio es variadísimo.
5. Echad un vistazo a las listas de boda *on line*. A vuestros invitados les resultará muy cómodo adquirir el regalo sin moverse de casa.
6. No olvidéis agradecer los regalos de boda, ya sean en metálico o a través de artículos. Lo mejor es enviar una nota manuscrita por correo postal.
7. Es importante que entreguéis vosotros los regalos de agradecimiento a los invitados, ya que este gesto transmite que habéis dedicado tiempo a pensar en este detalle.
8. Realizad guiones para el transcurso de la ceremonia y del banquete, y un esquema para el día «D» donde contempléis todos los preparativos y las citas con el peluquero, el fotógrafo, la floristería, etc.
9. Cread una hoja de cálculo con los gastos previstos para vuestra boda y los gastos finales. Así podéis comparar y ver en qué servicio os habéis gastado más dinero y en cuál podéis ser un poco más ahorradores si queréis compensar los costes.

notas y anécdotas para no olvidar:

LA LUNA DE MIEL

> Después de todos los preparativos, después del gran día, después de la fiesta, de las emociones, del brindis, del baile, de las risas y de alguna que otra lágrima, toca relajarse, olvidarse de los nervios, del estrés y del miedo escénico a ser el centro de todas las miradas. La luna de miel es un viaje especial. Para que sea redondo deberéis planificarlo con tiempo, sobre todo para prever los documentos oficiales necesarios, si deberéis o no vacunaros y para organizar las excursiones que más os atraigan.

Lo ideal es que durante el viaje de novios no surja ningún imprevisto que eche por tierra vuestras intenciones de pasar unos días juntos para relajaros o vivir experiencias únicas. Sea como sea el modo en que queráis disfrutar de vuestra luna de miel, esta es una aventura que debéis vivir sin sobresaltos ni imprevistos que os agüen la fiesta.

Es importante que penséis en los peligros que podéis encontrar en el lugar de destino elegido, así como en la indumentaria más adecuada y las necesidades que tendréis durante vuestra estancia —adaptadores de corriente eléctrica, cambio de divisas, alquiler de coche, medicamentos, etcétera— .

«Viajar es imprescindible y la sed de viaje, un síntoma neto de inteligencia».

Enrique Jardiel Poncela

El viaje de novios es uno de los momentos más deseados por la pareja de recién casados, ya que supone el término de días de trabajo organizativo y mucho estrés. Seguro que rebosaréis felicidad porque la boda habrá salido fenomenal pero después de tanto trajín estaréis cansados y deseando disfrutar los dos solos de unas vacaciones especiales y bien merecidas. Hay muchas opciones disponibles: desde un viaje a una isla desierta donde pasar unos días tranquilos al sol, hasta un destino más exótico tipo safari, pasando por disfrutar de una aventura más urbana en aquella ciudad que siempre quisisteis conocer. Sea como sea, dejaos asesorar por especialistas en viajes y lunas de miel; os presentarán diferentes propuestas y, si es necesario, buscarán para vosotros el viaje de vuestros sueños.

uno CONSEJOS PARA EVITAR SORPRESAS

- Evitad viajar en temporada alta. Si tenéis un presupuesto muy ajustado para el viaje y os habéis casado en temporada alta, pensad en que quizás os merezca la pena posponerlo.
- Reservad el viaje con antelación: si lo dejáis para última hora no encontraréis buenos precios.
- Aseguraos de que lleváis todos vuestros documentos personales en regla: pasaporte no caducado y visados en el caso de que los exija el país de destino.
- Haced dos copias de la página de identificación de vuestros pasaportes. Esto facilitará su reposición si os roban alguno o se os pierde. Dejad una copia en casa de algún familiar con el que podáis contactar fácilmente desde el extranjero; la otra, llevaosla y guardadla en un lugar distinto a donde guardéis los documentos.
- Si viajáis a un país con diferente divisa, cambiad el dinero en vuestro banco antes de salir de viaje. Si disponéis de tiempo, buscad el momento más favorable para hacerlo.
- Informaos de las embajadas y consulados de vuestro país en los países del extranjero a los que viajareis. Las direcciones postales y los teléfonos son muy útiles en caso de que ocurra algún tipo de incidencia. Es fácil obtener esta información en Internet.

- Informaos acerca del país que vais a visitar antes de hacer la reserva para saber cómo es su clima, que nivel de peligrosidad tiene y qué precauciones debéis tener. Lo importante es que evitéis sustos, sorpresas y disgustos durante vuestra estancia. Leed los folletos informativos y avisos de los consulados o embajadas de los países que penséis visitar, especialmente los referentes a salud y leyes y costumbres locales. Recordad que estáis obligados a respetar y cumplir las leyes de los países que visitáis. Tened precaución con los posibles engaños: reservad el viaje en una página web o en una agencia de viajes de confianza.
- Informaos sobre los seguros de viaje disponibles, al menos de los de cancelación y asistencia sanitaria en el país de visita.
- Hablad con vuestro médico de cabecera sobre la conveniencia de vacunaros contra alguna enfermedad específica que exista en el país de visita.
- Valorad los beneficios del régimen de la estancia en pensión completa o todo incluido en función de vuestras preferencias y necesidades.
- Si hacéis la reserva por vuestra cuenta no olvidéis mencionar que se trata de una luna de miel. Algunos hoteles tienen promociones especiales para los recién casados.
- Si vais a alquilar un coche al llegar al aeropuerto, reservadlo previamente. No olvidéis llevaros vuestros permisos de conducir; informaos previamente de si son válidos en el país que vais a visitar para solicitar un permiso especial en caso necesario.
- Informaos de la necesidad de solicitar visado a la embajada pertinente. Hacedlo con tiempo, pues hay temporadas en que la burocracia se ralentiza.
- Llevad un botiquín con los medicamentos que tomáis habitualmente. Adquirir ciertos medicamentos en algunos países puede resultar complicado.

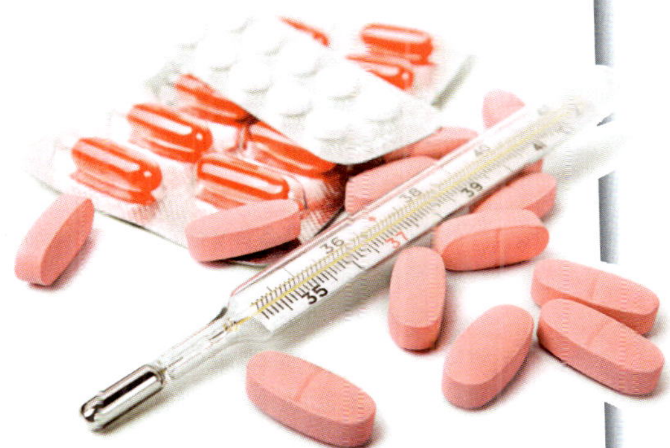

- Si viajáis por Europa, acordaos de solicitar con tiempo vuestra tarjeta europea de la Seguridad Social. Si además tenéis un seguro médico privado, preguntad si este dispone de cobertura en el extranjero. En el caso de que viajéis a un país no europeo llevad, al menos, el seguro sanitario de la agencia de viajes o de la compañía aérea.
- Cuidad permanentemente de vuestro equipaje. No os alejéis de este en áreas públicas (aeropuertos, vestíbulo de hoteles…). Y no aceptéis paquetes de desconocidos.
- Si estáis en el extranjero y no habláis el idioma local, cuando salgáis del hotel en el que estéis alojados, llevad siempre algún elemento identificativo del mismo. Os resultará muy útil un listado o diccionario con las palabras y frases clave.
- Tratad de no llamar la atención en países, ciudades o zonas de las que no tengáis mucha información. Evitad ostentar ropas o joyas caras y llamativas. No llevéis mucho dinero encima ni tarjetas de crédito; en todo caso nunca guardéis todas las cosas de valor en el mismo sitio.
- No olvidéis meter en el equipaje adaptadores de corriente, repelentes de insectos, baterías de cámara y móviles, protector solar y todo aquello que consideréis imprescindible.
- Si vais a visitar algún país donde merezca la pena ir de compras, dejad un espacio libre en el equipaje para que todo os quepa a la vuelta.
- No dejéis artículos de valor en la habitación del hotel, a menos que los guardéis en la caja de seguridad.

dos EQUIPAJE BÁSICO

Preparar el equipaje adecuado os permitirá no solo acertar con la indumentaria para cualquier ocasión que se presente, sino también evitar el molesto exceso de equipaje y los costes de facturación extra que origina. El tipo de maleta dependerá de estos factores:

1. **Tipo de viaje**
2. **Destino**
3. **Duración del viaje**

1. Tipo de viaje

Está claro que la luna de miel es un viaje de placer. El equipaje variará en función del destino y la duración del viaje.

2. Destino

Es indispensable pensar en la comodidad pero debéis prever la posibilidad de que surja una ocasión especial o una salida nocturna.

Lo recomendable es que llevéis alguna prenda y algún complemento de estilo más sofisticado y elegante.

Los destinos más comunes son:

el campo

Deberéis elegir un equipaje que se adecue a un clima variable. Meted una prenda que os abrigue y que podáis combinar con el resto de la ropa. Si se esperan lluvias, conviene que llevéis impermeable.

Las prendas recomendadas son las medias y camisetas térmicas, los vaqueros u otros pantalones que abriguen y sean cómodos, un jersey fino de algodón de manga larga y otro grueso de lana, una camisa y, por último, algunos polos o camisetas cómodas. El calzado y los calcetines deben ser adecuados para caminar. No os olvidéis de coger la crema de protección solar.

una ciudad

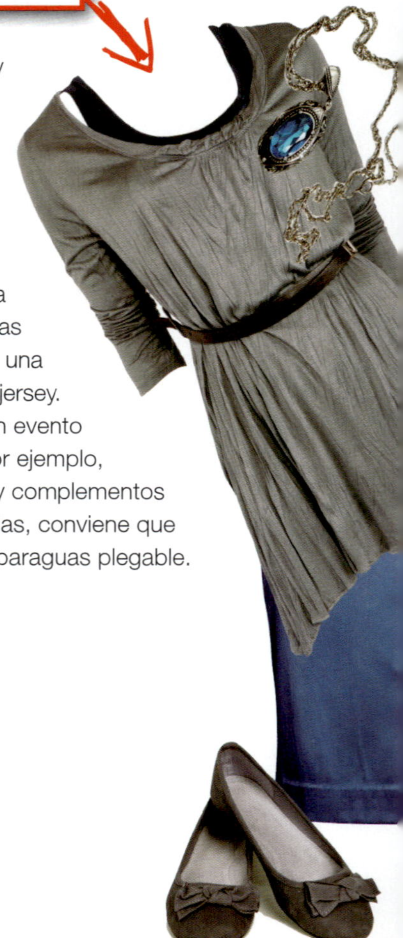

El atuendo debe ser urbano y cómodo, ya que el objetivo de este viaje suele ser visitar museos, galerías, exposiciones... Pensad en prendas y calzado cómodo porque caminaréis muchísimo.

Un conjunto posible constaría de un par de zapatos o zapatillas cómodas, una falda o pantalón, una camiseta cómoda y un jersey.

Si prevéis la asistencia a un evento formal como la ópera, por ejemplo, deberéis llevar ropa y complementos adecuados. Si se esperan lluvias, conviene que llevéis impermeable o paraguas plegable.

la playa

Las prendas recomendadas son el traje de baño, las chanclas, la toalla (aunque podéis comprobar previamente si el hotel os la facilita), pantalones cortos, un vestido ligero que puedas llevar tanto durante el día como durante la noche, un pareo, camisetas o polos, faldas, pantalones o vestidos. Si vais a practicar algún deporte, conviene que llevéis prendas y calzado deportivo. Si contáis con alguna salida nocturna o cena especial, deberéis llevar ropa adecuada, como sandalias planas o con tacones altos y un vestido o, si lo preferís, una falda o unos pantalones para combinar con una camiseta o top.

Aunque vayáis a un destino costero, no olvidéis echar en la maleta al menos una chaqueta de lana en previsión de la ligera brisa nocturna. Como complementos: un bolso de viaje, un bolso neutro para salir a cenar o usar durante el día, un cesto o bolso de playa, varios collares, pendientes, gafas de sol, sombrero para el sol, accesorios para el cabello, cintas, pañuelos, gorro de baño, etc. Y, por supuesto, incluid el protector solar.

3. Duración del viaje

No es lo mismo preparar un equipaje para un fin de semana que para un mes. En cualquier caso, la maleta debe contener lo necesario para cubrir todas o la mayor parte de vuestras necesidades durante la estancia fuera de casa.

[sácale partido al hotel]

Si os alojáis en un hotel, es importante que os informéis de si dispone de *spa* o de zona de hidroterapia, ya que sería una pena que os olvidarais del bañador y no pudierais disfrutar de sus instalaciones.

[complementos básicos]

Para el viaje, os vendrán de perlas: un chal cálido y amplio o pañuelos de algodón, que abrigan y decoran el cuello, una gorra para combatir el sol, y orejeras y guantes en caso de que sepáis de antemano que va a hacer mucho frío.

[¡consulta el tiempo!]

Una buena recomendación antes de hacer un equipaje es consultar la climatología del lugar de destino para elegir, en función de los pronósticos, el tipo de tejidos y prendas con las que preparar la maleta.

4. ¿Cómo organizar el contenido de la maleta?

Para organizar de forma correcta la maleta deberéis colocar primero los artículos más pesados y menos delicados en el fondo y, encima de estos, las prendas de mayor resistencia, como cazadoras y pantalones, debidamente dobladas.

Las prendas que no se arrugan con facilidad —ropa interior, calcetines, cinturones, bolsos pequeños, etcétera—, podréis utilizarlas para rellenar los huecos que dejan las otras prendas una vez dentro pero no conviene que las coloquéis sueltas sino en bolsas de tela o gamuza que aseguren una mayor higiene. A continuación guardaréis los pijamas y suéteres y, encima de estos el traje, primero el pantalón y después la chaqueta. El pantalón deberá ir en plano, doblado cuidadosamente por la raya, y bajo la americana para evitar que esta se aplaste en exceso. Un truco muy eficaz es rellenar los hombros de la americana de calcetines para evitar que se aplasten. Por último, y bien dobladas acomodaréis las prendas más delicadas: blusas, camisas, etc. Si son muy delicadas, se deben proteger con papel o bolsas especiales. Para terminar, es conveniente que utilicéis una toalla como capa final, actuará de «amortiguador» y «protector» del cierre de la maleta.

Notas

otros consejos prácticos

a Las prendas deben doblarse del revés y con los botones o cremalleras cerradas para evitar que se arruguen. Otro truco que no solo evita que se arruguen, sino que permite ganar espacio, es doblarlas en forma de rodillo, enrolladas sobre sí mismas.

b Conviene reservar un pequeño espacio en las maletas para guardar los regalos o prendas de vestir que compréis. Si sabéis de antemano que compraréis artículos que ocupan mucho espacio, una buena idea es llevar una maleta blanda doblada en el interior.

c Resulta muy útil contar con bolsas vacías para meter la ropa sucia. Tendréis que tener en cuenta que, al hacer la maleta de regreso, no estará doblada como la ropa limpia y que, por tanto, ocupará un espacio algo mayor.

d Si lleváis la bolsa de aseo en la maleta, es mejor que la envolváis en un plástico y que la situéis haciendo presión entre los jerséis para evitar engorrosos accidentes.

e Si incluís traje, deberéis proteger la chaqueta de aplastamientos y arrugas. Doblad una mitad girando completamente el hombro correspondiente e introducid la otra mitad en la parte que ya está dada la vuelta. El forro, la parte menos delicada, quedará hacia fuera.

[baúles para viajar]

Antiguamente, para viajar, se utilizaba un baúl con cajones y puertas de armario donde las prendas iban colgadas y colocadas, de modo que al llegar al hotel se abría y todo estaba perfectamente organizado. Eran grandes y pesados, por lo que era necesario el trabajo de portadores que los movieran. En 1907, Louis Vuitton diseñó con mucho éxito el baúl estanco para la Pekín-París, que disponía de varios compartimentos en los que cabían un abrigo, cinco trajes completos, ocho camisas, cuatro pares de zapatos, un sombrero, tres bastones y un paraguas. Más adelante ideó un baúl con colgadores y cajones que todavía hoy está a la venta, y el baúl *secreter*, compuesto por dos estantes para libros, varios cajones para documentos, una mesa y una máquina de escribir. Los tiempos han cambiado y el equipaje se ha simplificado: es menos pesado y más cómodo y ergonómico. Aun así, la casa Vuitton sigue fabricando, por encargo, estos baúles.

Recuerda:

1. Evitad viajar en temporada alta si vuestro presupuesto es bajo.
2. Preparar el equipaje adecuado os permitirá no solo acertar con la indumentaria para cualquier ocasión que se presente, sino también evitar el molesto exceso de equipaje y los costes de facturación extra que esto implica.
3. Revisad vuestros documentos personales para comprobar que no están caducados.
4. Informaros sobre la necesidad de vacunas contra alguna enfermedad específica que exista en el país que visitéis.
5. Llevad un botiquín con los medicamentos que tomáis habitualmente.
6. La maleta dependerá del tipo de viaje, del destino y del tiempo que vayáis a estar fuera.
7. Para organizar de forma correcta la maleta, debéis colocar primero los artículos más pesados y menos delicados en el fondo y después, encima de estos, las prendas más ligeras y que se arrugan con facilidad.

notas y anécdotas para no olvidar: